1843

CATALOGUE
DES LIVRES

TANT IMPRIMÉS QUE MANUSCRITS,

COMPOSANT LA BIBLIOTHÈQUE

DE FEU M. ROISY,

Dont la vente se fera le Vendredi 3 Mars 1843,
et jours suivans, à six heures de relevée,

RUE DES BONS-ENFANTS, N° 30,

Par le ministère de M° FOURNEL, commissaire-priseur,
Place du Châtelet, n° 2.

Les Acquéreurs paieront, en sus du prix d'adjudication,
5 cent. par franc, applicables aux frais de vente.

PARIS,

R. MERLIN, LIBRAIRE, QUAI DES AUGUSTINS, N° 7.

1843.

ORDRE DES VACATIONS.

1re Vac. *Vendredi 3 Mars 1843.*		5e Vac. *Mercredi 8.*	
Romans et facéties,	235—298	Théâtre,	371—390
Sciences morales,	146—163	Beaux-Arts,	391—398
Biographie,	824—839	Histoire littéraire,	399—420
Hist. d'Italie, d'Angl., etc.	714—760	Hist. de France,	632—659
2e Vac. *Samedi 4.*		Histoire de France,	513—548
Théologie,	33—65	6e Vac. *Jeudi 9.*	
Belles-Lettres,	204—234	Histoire d'Asie,	761—789
Sciences histor.	451—511	Hist. de France,	660—713
3e Vac. *Lundi 6.*		Philosophie,	1—6
Poètes gr. et latins,	150—200	Théologie,	7—32
Sc. polit.—jurisprud.	421—453	7e Vac. *Vendredi 10.*	
Histoire de France,	519—585	Poésie franç., angl., etc.	338—370
Polygraphie,	840—861	Sciences naturelles,	113—145
4e Vac. *Mardi 7.*		Hist. de France,	586—631
Linguistique,	163—203	Manuscrits,	926—934
Poètes italiens et français,	297—337	8e Vac. *Samedi 11.*	
Hist. de la noblesse,	790—823	Hist. ecclésiastique,	66—112
		Addition,	862—925
		Manuscrits,	935—946

Avant chaque vacation on vendra quelques lots.

AVIS.

Il y aura chaque jour de vente, d'une heure à trois heures, exposition des livres qui seront vendus le soir.

Les livres vendus devront être collationnés sur place dans les 24 heures de l'adjudication. Passé ce délai, ou une fois sortis de la salle de vente, ils ne seront repris pour aucune cause.

Les articles au-dessous de 12 fr. ne seront admis à rapport que dans le cas où ils seraient incomplets par enlèvement de feuillets ou de portions de feuillets emportant du texte; ils ne seront pas repris pour taches, mouillures, déchirures, piqûres ou autres défectuosités.

NOTA. Le libraire chargé de la vente remplira les commissions des personnes qui ne pourraient y assister.

CATALOGUE DES LIVRES

COMPOSANT LA BIBLIOTHÈQUE

DE FEU M. ROISY.

PHILOSOPHIE.

1. Steph. Chauvini lexicon philosophicum. *Leovardiæ*, 713, in-fol., vél.
2. Dissertation sur l'analyse en philosophie, par Maugras. *Paris*, 808, in-8, v. gr., dent. — L'instrumento de la filosofia di Aless. Piccolomini. *Roma*, 551, pet. in-8, v. f. — Mat. Heimbach philosophia argumentosa. *Coloniæ-Agr.*, 747, in-12, dem.-rel. — Joa. Launoii de auctoritate negantis argumenti dissertatio. *Lut.-Paris.*, 662, in-8, v. br.
3. Un volume in-fol., rel. en peau, contenant :

   Alcinoi disciplinaru platonis epitoma. Id est. breviariu incipit...... Epitoma Alcinoi in disciplinaru Platonis' desinit. Anno salutis. M. CCCC. lxxiii. die uero. xiiii. mensis Nouebris... In-fol., 43 f. à 83 lignes par page.

   Incipit tabula sedm ordinem alphabeti in vitas phor iuxta cap demostrans vtutes et vicia in eisde signata. 10 p. à 31 lig., 2 p. à col. de 32 lig. — Incipit libellus de uita et morib phor et poetar.... Explicit uita philosophor. 83 f. de 31 lig. à la page.

   Ces deux ouvrages entièrement identiques pour le caractère, le papier et les usages typographiques sont sortis des presses d'Ant. Koburger de Nuremberg. M. Brunet pense que la date du premier est plutôt celle du ms. qui a servi de copie que celle de l'impression. Je ne vois pas ce qui peut lui faire naître ce soupçon, puisqu'on a des impressions de Koburger avec date de 1473, et que l'Alcinous avait déjà été imprimé en 1400 à la suite de l'Apulée.

   Le second ouvrage, sans chiffres, réclames ni signatures, comme le premier, a pour auteur W. Burley. Cette édition sans date, doit être antérieure à celle que le même imprimeur a donnée avec la date de 1477.

   Ces deux éditions sont très-rares; voir le Manuel.

4. Incomincia el libro della vita de philosophi e delle loro elegantissimo sentenție extracto da D. Lhaertio e da altri antiquissimi doctori. *Impresso in Firenze, ad petitione di Piero Pacina da Pescia*, 505, pet. in-4, dem.-rel.

5. Philetæ coī fragmenta, notis illustravit Car. Phil. Kayser. *Gottingæ*, 793, in-8, v. gr., dent., tr. dor. — Plutarchi de physicis philosophorum decretis lib. V, gr., edidit Ch. D. Beckius. *Lipsiæ*, 787, in-8, pap. fin, dem. mar. r., fil., non rog.
6. Sexti Empirici opera, gr. et lat., cum notis J. Alb. Fabricii. *Lipsiæ*, 718, in-fol., vél.

THÉOLOGIE. — HISTOIRE ECCLÉSIASTIQUE ET RELIGIONS ÉTRANGÈRES.

7. Abrégé de l'origine des cultes, par Dupuis. 822, in-8, br. — Les ruines, par Volney. 820, in-18, fig., cart. — Le théâtre de l'idolâtrie, par Ab. Roger. *Amst.*, 670, in-4, fig., v. br.
8. L'enfer des peuples anciens, ou histoire des dieux infernaux de leur culte, de leurs temples, de leurs noms et de leurs attributs, par Delandine. *Paris*, 784, in-12, 2 vol., br.
9. Histoire des Juifs, de Flav. Joseph, trad. par Arnauld d'Andilly. *Bruxelles, H. Frix*, 676, in-12, 5 vol., v. m.
    Edition que l'on joint à la collection des Elzeviers.
10. La même. *Amst.*, 703, in-12, 5 vol., v. br.
11. Histoire des Juifs, par Prideaux. *Amst.*, 728, in-12, 6 vol., v. br.
12. Talmud Babylonicum integrum, ex sapientum scriptis et responsis compositum a Rab. Aser, additis comment. R. Salomonis Iarchi et R. Mosis Maiemonidis, hebraice. *Venetiis, Dan. Bomberg*, 1520 *et ann seq.*, in-fol., 12 vol., dem.-rel.
13. De la vérité de la religion chrétienne, par Grotius, trad. par Beauvoir. 659, in-12, mar. r., fil., tr. dor. — Le même, avec des remarques (par l'abbé Goujet). 724, in-12, v. br.
14. Lettres d'une mère à son fils pour lui prouver la vérité de la religion chrétienne. *Paris*, 768, in-12, 3 vol., v. m. — Théologie des insectes, trad. de l'allem. de Lesser, par Lyonnet. *La Haye*, 742, in-8, fig., 2 vol., br.
15. Eusebii Pamphili preparationis evangelicæ lib. XV, gr. *Lutetiæ Rob. Stephanus*, 544, in-fol., peau de truie.
16. The holy Bible. *London*, 675. = The whole of psalms.

London, 675, in-12, 2 part. en 1 vol., mar. r., fil., tr. dor.
<small>Ancienne reliure anglaise bien conservée, à compartimens or et argent, avec des fleurs sur la tranche.</small>

17. Novum J. Christi Testamentum, gr., cum notis J. Scaligeri. *Genevæ*, 620, in-4. v. br., fil., tr. dor.
18. Idem. *Typ. Regia*, 642, gr. in-fol., bas. fil.
19. Idem, ex recensione Griesbachii. *Lipsiæ*, 803, pet. in-fol., fig., 4 vol., pap. vél., cart., non rog.
20. Projet d'une nouvelle version de la Bible, par Lecène. *Amst.*, 741, in-fol., bas.
21. Recherches sur les quatre livres des rois, sur le livre de Job et sur les sermons de S. Bernard, en français du XIIe siècle, par Le Roux de Lincy. *Paris, I. R.*, 811, in-4, fac-simile avec initiales en or et couleur, br.
   <small>Ouvrage couronné par l'Institut.</small>
22. Le Nouveau Testament de N. S. Jésus-Christ, trad. en franç. selon la Vulgate. *Mons, G. Migeot*, s. d., pet. in-12, 2 vol., mar. r., fil., tr. dor.
23. Le même. *Mons, G. Migeot*, 672, in-8, 2 vol., mar. rou.
24. Le même, avec des réflexions morales (par le P. Quesnel). *Paris, A. Pralard*, 692, in-8, 4 tom. en 8 vol., mar. noir, dent. à fr.
25. Histoire de la vie de N. S. Jésus-Christ (par Letourneur). *Paris*, 686, in-12, mar. rou., fil., tr. dor.
26. Adnotationes et meditationes in evangelia quæ in sacro sancto missæ sacrificio toto anno leguntur, auct. H. Natali. *Antuerpiæ*, 594-95, in-fol.; fig. gravées par les Vierx, mar. rou., fil., tr. dor., lavé, réglé.
   <small>Bel exemplaire d'un livre rare de cette édition, que l'on croit être celui du duc de La Vallière, vendu 450 fr.
   Voyez le Manuel du Libraire, tom. 2.</small>
27. Aug. Calmet commentarius litteralis in omnes libros veteris testamenti; dissertationes in vetus et novum testamentum; commentarius litt. in omnes libros novi testamenti, omnia latinis literis traditus a Joa. Dominico Mansi. *Wirceburgi*, 787-89, in-4, 18 tom. en 19 vol., bas.
28. Histoire des conciles. In-4, 2 tom. en 1 vol., v. f., fil.
   <small>Manuscrit d'une belle écriture.</small>
29. Histoire du concile de Trente, trad. de Fra Paolo Sarpi, par le Courayer. *Amst.*, 751, in-4, 3 vol., v. m.
30. La science universelle de la chaire ou dictionnaire moral

(par Richard). *Paris*, 700-05, in-8, 4 vol., v. br. — Supplément.... *Paris*, 730-31, in-8, 2 vol., v. m.

31. Hortus pastorum, in quo continentur omnis doctrina fidei et morum ad conciones, catechismum, controversias et casus conscientiæ, aut. Jac. Marchantio. *Patavii*, 715, in-fol., peau de truie.

32. Origenis homiliæ. = Vita S. Augustini. In-fol., v. br. (*Ms. sur vélin.*) (Voy. sur ce Manuscrit précieux la Note placée à la fin du Catalogue.)

33. Les soliloques, le manuel et les méditations de S. Augustin. *Paris, Savreux*, 662, pet. in-12, mar. rou. à comp., tr. dor.

34. Alberti Magni.... tractatus de virtutibus vocatur paradisus animæ. (*S. l. n. a., sed Coloniæ*), in-fol., goth., dem.-rel., non rog.

35. Discours et méditations composés par ordre de M. l'évêque de Périgueux. *Paris, L. Guérin*, 699, in-12, 2 vol., mar. rou., fil., tr. dor.

Aux armes du cardinal de Noailles.

36. Explication des commandements de Dieu (par Fr. Paris). *Paris*, 693, in-12, 2 vol., mar. rou. à comp., tr. dor.

37. Discours ecclésiastiques contre le paganisme des rois de la fève et du roi-boit, par J. Deslyons. *Paris, Despres*, 664, pet. in-12, mar. rou, à comp.

38. Traités singuliers et nouveaux contre le paganisme du roy-boit, par J. Deslyons. *Paris*, 670, in-12, v. br.

39. Politique tirée de l'Ecriture Sainte, par Bossuet. 709. in-4, v. gr. — Dissertation sur l'honoraire des messes, 748, in-8. — Histoire de l'origine et des progrès des revenus ecclésiastiques, par J. Acosta. 697, in-12, v. gr.

40. Les tableaux de la pénitence, par Ant. Godeau. 662, in-4, fig., mar. rou., fil., tr. dor.

41. Joa. Mich. Cavalieri opera omnia liturgica. *Aug.-Vind.*, 764, in-fol., 5 tom. en 2 vol., dem.-rel.

42. Ritus in præcipuis festis, et aliis diebus per annum occurrentes, ex libris liturgicis S. rom. ecclesiæ. *Kaufburæ*, 790, in 8, bas.

43. Divina liturgia S. apost. et evang. Marci; item Clementis, P. R., de ritu missæ et horarum divini officii declaratio, gr. et lat. *Parisiis*, 583. = Missa apostolica, seu divinum sacrificium S. Petri ap., gr. et lat., cum W. Lindani apologiâ pro eadem liturgia. *Antuerpiæ*, 589. = Missa apostolica, al-

tera editio, gr. et lat. *Lutetiæ*, 595. ═ S. Gregori, papæ quem Theologum Græci nominant, divinum officium sive missa, gr. et lat. *Lutetiæ*, 595. ═ Constantini imperatoris rescriptum ad Arium et arianos, gr. et lat. *Lutetiæ*, 595, pet. in-8, 5 part. en 2 vol., v. f. et v. m.

Pièces rares et difficiles à rassembler.

44. Sommaire recueil des signes sacrez, sacrifices et sacremens intituez de Dieu, et de la vraie origine de la messe. 561, pet. in-4, v. f., fil., tr. dor.

45. De l'ancienne coutume de prier et d'adorer debout, ou abrégé des cérémonies anciennes et modernes (par Le Lorrain). *Delft*, 700, in-12, 2 vol., br.

46. Diurnale Parisiense. 771, in-12, 2 vol., mar. rou., fil., tr. dor.

Bel exemplaire.

47. Thesaurus precum et exercitiorum spiritualium in usum præsertim sodalitatis Partheniæ, auct. R. P. Th. Saillio. *Antuerpiæ, ex off. Plantin.*, 609, pet. in-8, 25 jolies figures chagr.

48. Méditations très-dévotes sur chascune partie de loraison dominicale pour attirer le cueur du chrestien a pityé et a toute religion chrestienne. ═ La vie et passion de Nostre Seigneur, en quinze oraisons. In-8, rel. en soie.

Mss. du XVIᵉ siècle, sur papier, bien conservé

49. Les heures du chrétien divisées en trois journées..... trad. en vers et en prose, par le sʳ Magnon. *Paris, Séb. Martin*, 654, in-8, fig., mar. rou., fil., tr. dor.

50. L'office de la Vierge Marie pour tous les jours de l'année; ensemble plusieurs prières et oraisons, composées par le P. Coton. *Paris, Mich. Balagny*, 627, in-8, 25 fig., mar. vert, fil., tr. dor. (*Raccommodages.*)

51. Les heures dédiées à la Sainte Vierge, accompagnées de prières, méditations, etc., par Tristan l'Hermite, avec des figures dessinées par Stella. *Paris, Loyson*, 656, in-8, mar. rou., fil., tr. dor.

52. Heures de Nostre Dame à l'usage de Rome, en lat. et en franç., avec le kalendrier historial, par René Benoist, év. de Troyes. *Paris, Guill. de la Noue*, 697, fig. sur bois. ═ Les quinze effusions de N. Sauv. et Réd. J.-Christ, revues par Mᵉ Fr. Grandin. ═ La vie de Ste Marguerite (en vers), par le même. In-12, v.

53. Officio della B. Vergine Maria, dedicato a S. Anna. *Ro-*

ma, *G. M. Salvioni*, 707, in-8, fig. de Jos. Passaro, mar. rou., fil., tr. dor.

54. L'office de la sainte Vierge, en vers, par P. Corneille. 670, in-12, v. fil., tr. dor.—Stances chrétiennes, par l'abbé Testu. 703, in-12, v.—La Madeleine au désert, par le P. de St. Louis. 694, in-12, v. — Le triomphe de J.-Christ, par Lancelin. 755, in-12, v.

55. Virgo Maria mystica sub solis imagine emblematicè expressa, à Joa. de Leenheer. 681. ═ Oliv. Flor. Waterloop monita spiritualia et moralia tetrastichis distincta. *Antuerpiæ*, 657, pet. in-4, bas.

56. J. Lipsii diva Virgo hallensis, beneficia ejus et miracula fide atque ordine descripta. *Antuerpiæ*, 604, in-4, vél. (*Mouillé*.)

57. Bibliothèque ascétique ou sentimens des SS. Pères et des auteurs ecclésiastiques sur les plus importants sujets de la morale chrétienne, par le P. Jerosme. *Paris*, 761, in-12, 7 vol., mar. rou., fil., tr. dor., doublés de tabis. (*Avec armes.*)

58. Th. à Kempis de imitatione Christi lib. IV. *Lugd.-Bat.*, *Elzev.*, 658, pet. in-12, lav. rég., mar. rou.

59. Paradisus animæ christianæ, studio et opera G. M. Horstii. *Coloniæ-Agr.*, 675, pet. in-12, mar. noir, tr. dor.

60. Sentimens d'un chrétien touché de l'amour de Dieu, tirez de divers passages de l'Ecriture-Sainte, par un solitaire des Sept Fonts. *Paris*, 743, in-12, fig., bas.

61. Paradisus malorum punicorum, cum pomorum fructibus dominicæ passionis, mortis, resurrectionis etc., misteria et arcana omnia, et singula concionibus explicata, a Frid. Fornero. *Ingolstadii*, 623, pet. in-4, 2 vol., parch.

62. Speculum religiosorum totum interiorem hominem et omnia religiosæ vitæ officia, perfectionem, obligationemque septem tractatibus repræsentans, exhibitum per Fr. Wennium. *Lovanii*, 645, pet. in-4, v. br.

63. Lettres écrites à un provincial (par Bl. Pascal). (*Paris*). in-4, vél.

Edition originale des lettres provinciales.

64. Pensées de Bl. Pascal. *Paris*, *Lefevre*, 826, in-8, gr. pap. vél , br.

65. Les imaginaires et les visionnaires (par Nicole). *Liège*, 667, pet. in-12, 2 vol., v. gr., dent.

(9)

66. Annales veteris et novi testamenti, cum rerum asiaticarum chronico, à J. Usserio. *Genevæ*, 722, in-fol., v. m.

67. Lud. du Four de Longuerue dissertationes de variis epochis et anni forma veterum orientalium; de vita S. Justini mart.; de Athenagora; de tempore quo nata est hæresis Montani et de origine hæresium Valentini, Cerdonis atque Marchionis, etc., edidit Joa. Diet. Wincklerus. *Lipsiæ*, 750, pet. in-4, vél.

Volume curieux et rare.

68. Sulpitii Severi opera omnia, cum notis G. Hornii. *Lugd.-Bat.*, 654, in-8, dem.-rel.—Ph. Cyprii chronicon ecclesiæ græcæ.... *Lipsiæ*, 687, pet. in-8, vél.

69. Notice sur le Speculum humanæ salvationis, par Marie Guichard. *Paris, Téchener*, 840, in-8, br.

70. Historia persecutionis Vandalicæ, operâ et studio Theod. Ruinart. *Paris.*, 699, in-8, v. br.

71. Dissertation hist. et critique sur le martyre de la légion Thébéenne, avec l'hist. du martyre de cette légion attribuée à S. Eucher, par J. Dubourdieu. *Amst.*, 705, in-12, v. br.

72. Vies des Saints. *Paris, Blaise*, 825, in-4, gr. pap., fig. doubles, 2 tom. en 4 vol., dem.-rel., dos de mar. rou., non rog.

73. La chronologie et la topographie du nouveau bréviaire de Paris. *Paris*, 712, in-12, v. br.

74. Dictionnaire des légendes des saints ou table géographique des noms des anciennes provinces, villes, bourgs, fleuves, forêts, etc., qui se trouvent mentionnés dans les légendes et martyrologes, par l'abbé Frut. *Mortagne*, 839, in-12, br.

75. Vie de S. François-Xavier, par le P. Bouhours. 715, in-12, 2 vol., mar. v., fil., tr. dor.

76. La vie symbolique du bienheureux François de Sales, comprise sous le voile de 52 emblèmes, par Gambart. *Paris*, 664, in-12, fig. de N. Flamen, vél.

77. Vida de S. Joan de Sahagun, de la orden de S. Augustin, por el Fr. Augustin Antolinez. *Salamanca, por Artus Taberniel*, 605, pet. in-8, mar. rou., fil., tr. dor. et ciselée.

Ancienne reliure espagnole, avec armoiries.

78. Il nepotismo di Roma. (*Holl., Elzev.*), 667, pet. in-12, 2 vol., v. f.

79. Pontificum Brixianorum series commentario historico il-

lustrata opera et studio Jos. Hier. Gradonici. *Brixiæ*, 755, in-4, dem.-rel.

80. Collectio privilegiorum sacrorum ordinum fratrum mendicantium et non mendicantium, juxta sacri concilii Tridentini reformationem, et Sum. Pont. novissimas confirmationes et innovationes, auctore J. B. Confettio. *Coloniæ-Agr.*, 619, in-4, v. br.

81. Histoire sacrée de l'ordre des Chartreux et du très-illustre sainct Bruno leur patriarche, par Jacques Corbin. *Paris, S. Piget*, 659, in-4, v. br.

82. Chronique ou institution première de la religion des Annonciades fondées par la princesse Jeanne de France, fille de Louis XI (avec sa vie), par le P. Gazet. *Arras*, 607, pet. in-8, portr., v. ant., fil., tr. dor.

83. Nécrologe de l'abbaye de Notre-Dame de Port-Royal-des-Champs, ordre de Cîteaux. *Amst.*, 723. — Supplément..., 735, in-4, 2 vol., v. m., fil., tr. dor.

    Rare; complet.

84. La vérité des miracles du bienheureux Paris, par de Montgeron, avec les observations sur ses convulsions. 737-41, in-4, fig., 2 vol., v. br.

85. Divers procès pour et contre des ecclésiastiques, ou religieux. In-4, br. 22 pièces

86. Factum pour les religieuses de Ste. Catherine-lès-Provins contre les RR. PP. cordeliers. (*A la Sphère, s. d.*), in-12, br.— Histoire des diables de Loudun. *Amst., Wolfgang*, 694, in-12, v. br.

87. Procès entre les dames chanoinesses de l'église métropolitaine de Rouen et l'abbé de Clairvaux. In-4, br. 12 pièces.

88. Recueil de 16 pièces sur le Concordat. In-8, 2 vol., v. gr., dent.

89. L'histoire de la robe sans couture de N. S. Jésus-Christ qui est révérée dans l'église du monastère d'Argenteuil, avec un abrégé de l'histoire de ce monastère, par D. Gabr. Gerberon. *Paris*, 677, in-12, fig., v. gr.

90. Véritable origine des biens ecclésiastiques, fragmens hist. contenant les voies par lesquelles le clergé séculier et régulier de France s'est enrichi, par Rozet. *Paris, Desenne*, 790, in-8, v. m.

91. Le privilège pour les dixmes novalles concédé, maintenu et conservé où seront rapportées plusieurs bulles des papes,

(11)

avec un appendix contehant diverses fondations. *Paris,* 669, in-4, v. br.

92. Tractatus de politia ecclesiæ anglicanæ, auct. R. Zouch. *Londini, Roycroft,* 683, pet. in-8, v. br.

93. Histoire du protestantisme en France, par Roisselet de Sauclières. *Nismes,* 830, in-8, 4 vol., br.

94. D. Erasmi roter. opera omnia, emendatiora et auctiora (ex recens. Joan. Clerici). *Lugd.-Bat., Van der Aa,* 703-706, in-fol., fig., 10 tom. en 11 vol., vél.

> Bel exemplaire.

95. Ph. Melanchtonis corpus reformatorum, edidit Carolus Gottlieb Bretschneider. *Halæ-Saxon.,* 834, in-4, 5 vol., dem.-rel.

96. La conférence tenue à Hamptoncour, entre les évêques anglois et les puritains au mois de janvier 1604, en la présence du roi d'Angleterre et d'Ecosse, avec les constitutions et canons ecclésiastiques. *Paris, Richer,* 605, pet. in-8, vél.

97. Deux dissertations critiques, la première sur la 1re épître de S. Jean, la seconde sur le passage de Joseph touchant Jésus-Christ, par Martin. *Utrech,* 717, in-12, v. m.

98. Præ-adamitæ (auct. Lapeyreyre). *S. l.,* 655, in-8, v. rac. fil.

99. Muhammedis filii Aldallæ Alcoranus, sive lex islamitica, arabice, ad optim. codicum fidem edita ex musæo Abrah. Hinckelmanni. *Hamburgi,* 694, in-4, vél.

> Rare.

100. La Religion des Mahometans, par Reland. *La Haye,* 722, in-12, fig., v. f.

101. Zoroastre, Confucius et Mahomet, par Pastoret. 789, in-8, dem. mar. v.

102. Le Monde, son origine et son antiquité. *Londres,* 778, in-8, v. f., fil. — Essai raisonné sur Dieu et sur l'homme. *Orléans,* 786, in-8, v. f., fil., tr. dorée.

103. Système de la nature, par d'Holbach. *Londres,* 770, in-8, 2 vol., v. éc., fil.

104. La religion chrétienne analysée. = Les rêves de l'anti-papiste, in-12, v. m. — Le christianisme dévoilé. 767, v. m. — Le bon sens, etc. 773, in-8, br.

105. David ou l'histoire de l'homme selon le cœur de Dieu.

R.
2

Londres, 768, in-12, v. m. — Le christianisme dévoilé, avec la république des philosophes. In-12, v. m.

106. Histoire critique de J. Christ, ou analyse raisonnée des Evangiles. Pet. in-8, v. f.

107. Tableau des saints, par D'Holbach. *Londres*, 770, in-12, 2 vol., v. m., fil. (*Rare.*)

108. Le philosophe ignorant; Les questions de Zapata et Paul-Jones. In-8, v. éc., fil. — Dictionnaire philosophique portatif. *Londres*, s. d., in-8, 2 tomes en 1 vol., v. éc., fil.

109. Liberté de conscience. Pet. in-8, 3 parties en 1 vol., v. m. — Lettres à Sophie, par Freret. *Londres*, 2 parties en 1 vol., in-12, v. m., fil., tr. dor. — Lettres de Thrasibule à Leucipe, par le même. In-12, v. m. — Examen critique des apologistes de la religion chrétienne, par Freret (de Burigny). 775, in-12, v. f. — Traité des trois imposteurs. In-12, v. m.

110. Système social, par d'Holbach. *Londres*, 773, in-8, 2 tom. en 1 vol., v. gr., fil. — Recueil nécessaire avec l'Evangile de la raison. *Londres*, 776, in-8, br. — La politique naturelle, par d'Holbach. *Londres*, 772, in-8, 2 tom. en 1 vol., v. éc. fil. — Essai sur le despotisme. *Londres*, 775, in-8, v. éc., fil.

111. La contagion sacrée, ou histoire naturelle de la superstition, par d'Holbach, *Londres*, 768, pet. in-8, 2 tom. en 1 vol., m. rou., fil., tr. dor.

112. Principes de la législation universelle, par d'Holbach. *Amst.*, 776, in-8, 2 vol., v. éc., fil.

SCIENCES NATURELLES.

113. Eléments d'algèbre, par Léon. Euler, trad. de l'allem., avec des notes et des additions, (par Lagrange). *Lyon*, an III, in-8, 2 vol., dem.-rel.

114. Application de l'algèbre à la géométrie, par Bourdon. *Paris*, 837, in-8, fig., br. — Perspective pratique, par Isabeau. *Paris*, 827, in-12, fig., br. — Perspective, trad. de l'anglais. *Paris*, 825, in-12, fig., br.

115. Sphæra J. de Sacro Bosco. *Lugd.-Bat.*, J. Elzev., 656. — De curiositatibus physicis. *Lugd.-Bat.*, 686.

Wilh. Schickardi; astroscopium. *Norimbergæ*, 665, in-8, 8 parties en 1 vol., v.

116. Almagestum novum astronomiam veterem novamque complectens, auct. P. Joa. Bapt. Ricciolo. *Bononiæ*, 651, in-fol., fig., 2 vol., v. br.

> On y trouve l'histoire originale du procès de Galilée, avec beaucoup d'autres documens inédits.

117. Tables astronomiques de Halley. *Paris*, 754, in-8, v. m. — Les usages de la sphère, par Delamarche. *Paris*, an vii, in-8, fig., bas. mar. — Manuel chronométrique, par A. Janvier. *Paris*, *Didot*, 821, in-8, brad.

118. Voyage fait pour vérifier l'utilité de plusieurs méthodes et instruments, etc., par Borda et Pingré. *Paris*, 778, in-4, fig., 2 vol., v. br., fil.

119. Nouveau traité de navigation, par Bouguer, *Paris*, 769, in-8, fig., v. m. — Traité de navigation, par J. F. Lescan. *Paris*, 823, in-8, fig., cart. — Corso pratico de navigazione di P. A. Nicolay. *Genova*, 828, in-8, fig., dem. rel. — Manuel des marins. *L'Orient*, 773, in-8, bas. mar.

120. Tableau synoptique de la tenue des livres à parties doubles, par Coffy. *Paris*, 833, in-8, dem. v., n. rog. — Le régulateur des opérations de commerce ou tenue des livres à parties doubles, par Schastel. *Paris*, 836, in-8, dem. v. — La tenue des livres enseignée en vingt et une leçons, par Jaclot. *Paris*, 838, in-8, dem. v., n. rog.

121. Philosophie de l'univers (par Dupont de Nemours). *Paris*, an vii, in-8, portr., br.

> Avec de nombreuses augmentations et corrections autographes de Dupont de Nemours ; exempl. préparé pour une nouvelle édition.

122. Le livre de la nature, par Cousin Despréaux, revu par Desdouits. *Paris*, 840, in-12, 4 vol., br.

123. Incipit prœmium de proprietatibus rerum fratris Bartholomei anglici de ordine fratrum minorum. Gr. in-fol., goth., parch.

> Édition sans chiffres, réclames ni signatures, contenant 218 feuillets.

124. Dictionnaire des productions de la nature et de l'art qui font l'objet du commerce de la France, soit avec l'étranger, soit avec les colonies, et des droits auxquels elles sont imposées, par Magnien et Dew. *Paris*, 809, in-8, 2 tom. en 3 vol., dem. v.

125. Nouveau dictionnaire d'histoire naturelle. *Paris, Déterville,* 818, in-8, fig., 36 vol., br.

126. Histoire naturelle de Buffon, publ. par Sonnini. *Paris, Dufart,* 708, in-8, fig., 124 vol., br.

127. C'est le secret de l'histoire naturelle contenant les merveilles et choses mémorables du monde et signantement les choses monstrueuses qui sont trouvées en nature humaine selon la diversité des pays... lequel livre pour la copiosité des choses admirables contenues en iceluy est moult solacieux. *On le vend à Paris, par Jehan Kerver* (s. d.), in-4, goth., v. ant., fil., rel. angl.

128. Istituzioni de mineralogia, da G. Benvenuti. *Parma,* 790, in-8, v. f., fil., tr. dor. (*Simier.*)

129. Code des mines, par Barrier. *Paris,* 829, in-8, br. — Agriculture et jardinage, enseignés en 12 leçons, par A. J.-B. D. de C. *Paris,* 826, in-12, br. — Manuel forestier, par Herbin de Halle. *Paris,* 832, in-12, br.

130. Le grand herbier en françois. *Paris, Pierre le Caron* (1499), in-4, goth., fig. sur bois, cart.

131. Le plaisir des champs, divisé en quatre saisons, où est traité de la chasse, par Cl. Gauchet. *Paris, N. Chesneau,* 583, in-4, dem.-rel.

132. C. Gesneri historia animalium. *Tiguri,* 560, in-fol., 5 parties en 1 vol., fig. col., v., fil., tr. dor.

Exempl. complet, de bonne édition et bien colorié.

133. Dictionnaire de pêche et de chasse. 769, pet. in-8, 2 vol., v. m. — Nouveau traité du droit de chasse. 681, in-12, v.

134. Les ruses innocentes dans lesquelles se voit comme on prend les oiseaux et plusieurs sortes de bêtes à quatre pieds (par Fortin). *Paris,* 688, in-4, fig., v. br.

135. Code de la chasse, par H. Raisson. *Paris,* 829, in-18, dem. mar. noir.

136. Dictionnaire des sciences médicales. *Paris, Panckoucke,* 818, in-8, fig., 60 vol., br.

137. G. Cowper anatomia corporum humanorum, curante Dundass. *Ultraj.,* 750, in-fol., fig., dem.-rel., n. tog.

138. Anatomie générale, par X. Bichat. 801, in-4, 4 vol., dem.-rel.

139. Description figurée de l'œil, trad. de Soemmering, par Démours. *Paris,* 818, in-4, fig., br. en cart.

(15)

140. Summaire très-singulier de toute médecine et cyrurgie, spécialement contre toute maladie sourvenant quotidiennement, par Mᵉ Jean Goeurot, médecin du très-chrestien roi François Iᵉʳ. *Paris, Nicolas Savetier*, 530, pet. in-8, goth., v. f.

141. D'une pugnition divinement envoyée aux hommes et aux femmes pour leurs paillardises et incontinences désordonnées (1493), avec notes, par P. St. Baliger (G. Peignot). *Naples*, 836, in-8, br.

142. Trois livres de l'embellissement et ornement du corps humain, pris du latin de Jean Liébaut. *Paris, chez Jacques du Puys*, 582, pet. in-8, dem. mar., fil., tr. dor.

142 *bis*. Traité de l'affection calculeuse, par le Dʳ Civiale. *Paris*, 838, in-8, fig., br. — Du mode d'action des eaux minérothermales de Plombières, par Turck. *Paris*, 837, in-8, br.

143. Hier. Mercurialis de arte gymnastica, lib. VI. *Amst.*, 672, in-4, fig., vél.

144. Nouveau traité de la perfection sur le fait des armes, par Girard. 736, in-4 obl., 150 planches, v. m.

145. La manière d'amolir les os et faire cuire toutes sortes de viandes en fort peu de temps, avec la description de la machine, par D. Papin. *Amst.*, 688, pet. in-8, vél.

SCIENCES MORALES.

146. P. Pomponatii Mantuani tractatus de immortalite animæ. 534, pet. in-12, v. fil.

147. Discours de la méthode pour bien conduire sa raison, par Descartes. *Paris, Renouard*, 825, in-18, dem. v.

148. Éléments de la philosophie de l'esprit humain, par Dugald Stewart, trad. de l'angl. par P. Prévost. *Genève*, 808, in-8, 2 vol., dem. mar. rou.

149. Chr. Wolfii philosophia rationalis sive logica. *Francof.*, 740, in-4, v. m.

150. Principes de certitude ou essai sur la logique, par le chev. de Keralio. *Paris*, 743. = La logique de l'abbé Jurain. *Paris*, 665, in-12, cart. — Premiers élémens de logique, par Bertrand. *Lyon*, 764, in-12, v. m. — Leçons de logique, par de Felice. *Yverdon*, 770, in-12, 2 vol., bas. — Joa. Schet-

...zer, institutiones dialecticæ. *Bamberg*, 745, in-12, dem.-rel.

151. Cebetis thebani tabula, gr. et lat., cum notis Jac. Gronovii. *Amst.*, *Wetstein*, 689, in-12, v. gr., fil.

152. Essais de Montaigne. *Paris*, *Didot*, 802, in-8, pap. vél., 4 vol., mar. bl., fers à froids, tr. dor. (*Bozerian*.)

153. De la sagesse, trois livres, par P. Charron, *Leide*, *Elzev.*, 656, in-12, fig., v. f.

154. De l'usage des passions, par Senault. *Leide*, J. *Elsevier*, 658, pet. in-12, mar. viol., dent., tr. dor.

155. Les caractères de La Bruyère. *Paris*, *Lefèvre*, 823, in-32, 3 vol., dem.-rel.

156. Meditations and contemplations, by J. Hervey. *London*, 816, pet. in-12, cuir de Russie, fil. en or, dent. à fr., tr. dor.

157. Recueil des codes, publ. par Hor. Raison et autres. *Paris*, J. P. Roret, 828, in-18, 13 vol., dem. mar. noir, dont : Code civil.—Code de la conversation.—L'art de briller en société.—Code de la toilette. — Code de la cravate. — Code épicurien pour 1829. — Code galant. — Code conjugal. — Nouveau code des femmes.—Code de commerce.—Code du commis-voyageur. — Code pénal. — Code des Francs-Maçons.

158. Les vrayes centuries et prophéties de M. Nostradamus. *Rouen*, 689, pet. in-12, fig., parch.—Colloques de Mathurin Cordier. 646, pet. in-12, parch.

159. Encyclopédie ou dictionnaire raisonné des sciences, des arts et des métiers, par une société de gens de lettres, et mis en ordre par Diderot et d'Alembert. *Paris*, 751-72, in-fol., fig., 35 vol., v. m.
Bel exemplaire.

160. Artificiosæ memoriæ fundamenta.... demonstrata à Joa. Paëpp. *Lugd.*, 618, fig. = Isagoge seu introductio in praxim artificiosæ memoriæ, eod. auct. *Ibid.*, 618.=Schenckelius detectus : seu memoria artificialis hactenus occultata ac a multis quam diu desiderata. *Ibid.*, 617, pet. in-12, fig., v. br.

161. Emblemata Florentii Schoonhovii. *Lugd.-Bat.*, *Elzev.*, 626, in-4, fig., dem. mar. rou.

162. Pasigraphie et Pasilalie, par Demaimieux. *Paris*, 801, in-4, cart.

LINGUISTIQUE.

163. Hermès ou recherches philosophiques sur la grammaire universelle, trad. de l'angl. de Jacq. Harris, par Fr. Thurot. *Paris*, *I. de la R.*, an iv, in-8, bas,

164. Observations fondamentales sur les langues anciennes et modernes (par Lebrigant). *Paris*, 787. =Alphabet tartare-mantchou, par Langlès. *Paris*, 787, in-4, dem.-rel.

165. La clef des langues ou observations sur l'origine et la formation des principales langues qu'on parle et qu'on écrit en Europe, par l'abbé Ch. Denina. *Berlin*, 804, in-8, 3 vol., dem.-rel.

166. Vocabulaire étymologique pour servir à l'étude simultanée des langues. *Paris*, 830, in-12, dem. v.

167. J, Comenii Janua aurea reserata quatuor linguarum, à N. Duez. *Lugd.-Bat.*, *Elsev.*, 640, pet. in-8, mar. v., fil., tr. dor.

168. Hesychii Lexicon, græce, cum notis variorum, ex recensione et cum animadversionibus Jo. Alberti. *Lugd.-Bat.*, 746-66, gr. in-fol., 2 vol., cart., non rog.

169. Institutiones linguæ græcæ, Nic. Clenardo authore. *Lutetiæ*, *Rob. Stephanus*, 568. =Eædem., cum Ren. Guillonii annotationibus. *Paris.*, *And. Wechel*, 572, in-4, v. f., dent, tr. dor., réglé.

170. Commentarii linguæ græcæ, Guil. Budæo auctore, *S. l.*, *Jos. Badius*, 529, in-fol., v. f., fil., tr. dor.

   Bel exemplaire.

171. Dictionnaire grec moderne français, par Dehèque. *Paris*, 835, in-16, bas.

172. M. Ter, Varronis de lingua latina libri qui supersunt, cum notis variorum. *Biponti*, 788, in-8, 2 vol., v. gr., fil.

173. Méthode rationnelle pour apprendre simultanément la langue latine et les éléments de celles qui lui sont voisines. *Paris*, 830, in-12, dem. v.—Calligrafia plautina e terenziana, continente le piu pure, e nitide locuzioni di latinità .... data in luce da Ang. Mar. Ricci. *Venezia*, 751, in-12, parch.

174. G. J. Vossii grammatica latina. *Lugd.-Bat.*, *Elsev.*, 644, pet. in-8, v. br.

175. Novitius, seu dictionarium lat.-gall. 733, gr. in-4, 2 vol., v. m.

176. Abrégé de la langue toscane, par Palomba. 768, in-8, 3 vol., v. f. — Le secrétaire de Banque, en espagnol et en français, par le même. In-8, v. f.

177. Le nouveau guide de la conversation, en italien et en français, par G. Hamonière. *Paris*, 828, in-16, dem. v.

178. Disionari piemontèis italian, latin e francèis, compost dal C. Zalli. *Carmagnola*, 815, in-8, 3 vol., dem. vél.

179. Vocabolario milanese-italiano, di Fr. Cherubini. *Milano*, 839-40, gr. in-8, 2 vol., br.

180. Vocabolario mantouano-italiano, di Fr. Cherubini. *Milano*, 827, gr. in-8, br.

180. Vocabolario veneziano e padovano, composto dall' abate G. Patriarchi. *Padova*, 821, in-4, dem.-rel.

182. Vocabolario bolognese-italiano, di Cl. Ferrari. *Bologna*, 835, in-4, br.

183. Dizionario parmigiano-italiano, di Ilario Peschieri. *Parma*, 828, in-8, 3 vol., br.

184. Grammaire espagnole, par Chalumeau de Verneuil. *Paris*, 821, in-8, 2 vol., br.

185. Glossaire de la langue romane, par Roquefort. *Paris*, 808, in-8, 2 vol., v. rac.

186. Dictionnaire étymologique des mots français dérivés du grec, par Morin. *Paris, I. I.*, 809, in-8, 2 tom. en 1 vol., bas.

187. Vocabulaire des nouveaux privatifs français, par Pougens. *Paris*, 794, in-8, dem.-rel.—Dictionnaire des épithètes françaises, par Levée. *Paris*, 817, in-8, br.

188. Dictionnaire des dictionnaires, par Darbois. *Paris*, 830, gr. in-8, dem. v.

189. Dictionnaire français par ordre d'analogie, par Lemare. *Paris*, 820, in-8, dem. v.—Exercices de la langue française, par Lemare. *Paris*, 819, in-8, dem.-rel.

190. Vocabulaire (français, italien, holland., allemand), pour apprendre l'argot (allemand), ou le langage des gueux et des filoux, à l'usage de la gendarmerie et de la police, par Schultz, commissaire général de police. *Magdebourg*, 813, pet. in-8 oblong, mar. rou., dent., tr. dor.

191. Dictionnaire français-anglais et anglais-français, par J. Tibbins, édition diamant. *Paris, Baudry*, 835, in-32, mar. violet.

192. Joh. Geo. Scherzii glossarium germanicum medii ævi, edidit J. J. Oberlinus. *Argent.*, 781, in-fol., 2 tom. en 1 vol., br.

193. Glossarium germanico-latinum vocum obsoletarum primi et medii ævi imprimis Batavicatum, collectum et illustratum à Laur. de Westenrieder. *Monachii*, 816, in-fol., dem.-rel.

194. Glossarium germanicum continens origines et antiquitates linguæ germanicæ hodiernæ, auct. Joa. Geo. Wachtero. *Lipsiæ*, 727. = Chr. Gotll. Halthausii calendarium medii ævi præcipue germanicum in quo obscuriora mensium, dierum, festorum ac temporum nomina... illustrantur, in usum historiæ ac rei diplomaticæ. *Lipsiæ*, 729. = J. J. Mascovii principia juris publ. imperii romano-germanici. *Lipsiæ*, 729, in-8, vél.

195. Diction. allem. et italien, par Borroni. *Milano*, 790, in-8, 2 vol., cart. — Gramm. russe, par Sev. Vater. *Lepzig*, 808, in-8, dem.-rel. *(En allem.)*

196. Apologia de la lengua bascongada. por D. Pablo de Astarloa. *Madrid*, 803, in-4, bas.

197. Thesaurus hebraicæ linguæ. *Antuerpiæ*, 572, in-fol., bas.

Volume de la polyglotte d'Anvers.

198. Grammaire hébraïque, par Ladvocat. *Paris*, 765, in-8, cart. — L'hébreu simplifié par la méthode alphabétique de Volney. *Paris*, 820, in-8, v. rac.

199. Chrestomathie arabe, ou extraits de divers écrivains arabes sur les langues orientales vivantes, par Silvestre de Sacy. *Paris*, 806, in-8, 3 vol., dem. v.

200. Grammaire de la langue malaie, par W. Marsden, publ. à Londres en 1812 et trad. de l'angl. par C. P. J. Elout. *Harlem,* 824, in-4. br. encart.

201. Athanasii Kircheri prodromus coptus sive Ægyptiacus. *Romæ, typ. S. Congreg. de propag. fide*, 636, in-4, bas. m.

202. The origin of the egyptian language proved by the analysis of that and the hebrew in an introductory essay by D' L. Loewe. *London, Cox*, 837, in-8, br. (34 pages).

203. Recherches philosophiques sur la langue ouolof, suivies d'un vocabulaire français-ouolof, par Roger. *Paris*, 829, in-8, br.

BELLES-LETTRES.

1. RHÉTORIQUE.—CRITIQUE.—ORATEURS.

204. Jugemens des savans sur les auteurs qui ont traité de la rhétorique, par Gibert. *Paris*, 713, in-12, 3 vol., v. br. —La rhétorique d'Aristote, trad. par Cassandre. *Amst.*, 733, in-12, bas.

205. Harpocrationis dictionarium in decem rhethores, Ph. Jac. Maussacus supplevit et emendavit. *Paris.*, 614, in-4, parch.

206. Aphthonii progymnasmata. *Amst.*, *D. Elzev.*, 665, pet. in-12, vél. — J. Th. Freigii rhetorica, poetica, logica. *Noribergæ*, 594. = Ejusd. pædagogus. *Basileæ*. 582, pet. in-8, vél.

207. Ger. Joa. Vossii rhethorice contracta. *Amst.*, 666, pet. in-8, v. m., fil., tr. dor. — La rhétorique de Gibert. *Paris*, 749, in-12, v. m. — La rhétorique des savans, par l'abbé Charnel d'Antrain. *Paris*, 767, in-12, bas.

208. La rhétorique du P. Bern. Lamy. *La Haye*, 725, in-12, dem. v. f., non rog.. tête dor.

209. Gab. Fr. Lejay bibliotheca rhetorum. *Paris*, 725, in-4. 2 vol., v. br.

209 *bis*. Lycée, ou cours de littérature ancienne et moderne, par Laharpe. *Paris*, an viii, in-8, 16 vol , cart. à la Brad.

210. Joa. Clerici ars critica. *Lugd.-Bat.*, 778, in-12, 3 vol., v. m.

211. Mélanges de critique et de philologie, par Chardon de la Rochette, *Paris*, 812, in-8, 3 vol., br.

212. P. Dan. Huetii de interpretatione lib. II. *Hagæ-Com.*, 683, in-12, v. br. — Hermogenis ars oratoria, cum vers. lat. et comment. Gasp. Laurentii. *Genevæ*, 614, in-8, vél.

213. Filosofia de la elocuencia, por D. Ant. de Capmany. *Gerona*, 826, in-12, br.

214. Dialogues sur l'éloquence, par Fénélon. *Paris*, 787, in-12, dem. v. f., non rog.— Principes d'éloquence de Marmontel extraits par Chaptal. *Paris*, 809, in-8, bas., fil. — Manuel des jeunes orateurs, par Lanjuinais. *Moudon*, 777, in-12, 2 vol., dem.-rel.

215. Dionis Chrysostomi orationes LXXX, ex interpretatione Thomæ Naogeorgi. *Lutetiæ*, 604, in-fol., vél.

216. Conciones et orationes ex historicis latinis. *Lugd.-Bat.*, *Elsev.*, 649, pet. in-12, v., fil.

217. Lysiæ orationes. *Lipsiæ*, 818, in-18, dem.-rel. — Apparatus latinæ locutionis, ex M. T. Ciceronis libris collectus, auct. Alex. Scot. *Lutetiæ*, 632, in-4, dem.-rel.

218. Im. Jo. Ger. Schelleri præcepta styli bene latini in primis ciceroniani. *Lipsiæ*, 707, in-8, 2 vol., dem. v. f., non rog.—Jo. Gottl. Heineccii fundamenta styli cultioris, edidit J. Nic. Niclas. *Lipsiæ*, 790, in-12, dem. v. f.

219. Manuel du style en quarante leçons, par Raynaud. *Paris*, 829, in-8, pap. vél., mar. rou., fil. en or, dent. et plats à fr., tr. dor.

220. Les cent nouvelles nouvelles. *Cologne, P. Gaillard*, 786, in-12, fig., 4 vol , br.

221. Porretane di M. Sabadino bolognese dove si narra novelle settanta una... *Venetia, Merchio Sessa*, 531, pet. in-8, v. m.

222. Le Decameron de Jean Boccace. *Londres*, 757, in-8, fig. de Gravelot, 5 vol., mar. rou., tr. dor. (*Figures doubles.*)

223. Contes moraux et nouvelles idylles de Salomon Gessner, trad. de l'allemand. *Zurich, l'auteur*, 773-777, in-4, fig., dess. et grav. par S. Gessner, 2 vol., v. m.

224. Achilles Tatius, de Clitophontis et Leucippes amoribus, gr. et lat., ex editione Salmasii. *Lugd.-Bat.*, 640, pet. in-12, vél.

225. Barclaii argenis, cum clave. *Lugd.-Bat.*, *Elsev.*, 630, pet. in-12, mar. rou., dent., tr. dor. (*Rogné.*)

226. De amoribus Pancharitis et Zoroæ poema eroticum. *Paris.*, an ix, in-8, cart. — Les amours de Zoroas et de Pancharis (trad. par Petit-Radel). *Paris*, 802, in-8, fig., 3 vol., v. rac., dent.

227. Tables généalogiques des héros de romans, avec un catalogue des principaux ouvrages en ce genre (par Dutens). *Londres, s. d.*, in-4 obl., cart., non rog.

228. Della notabile et famosa histor. dei felici amori del Delfino di Francia et di Angelina Loria nobile Siciliana libri IV, nuovamente retrovati et dall' antica lingua normanna tradotti nella italiana da Guil. Filoteo di Annadeo. *Venetia*,

Lucio Spineda, 609, pet. in-8, mar. vert, fil. et coins en or, tr. dor. (*Rare.*)

Bel exemplaire ; reliure anglaise de Roger Payne.

229. Histoire de Mélusine. *Troyes, J. Oudot*, 699, in-4, fig. sur bois, dem.-rel.

230. Histoire de Huon de Bordeaux, pair de France et duc de Guyenne. *Troyes, N. Oudot*, 666, in-4, 2 part. en 1 vol., v. m.

231. Le chevalier hipocondriaque, par du Verdier. *Paris, M. Guillemot*, 632, pet. in-8, mar. v., fil., tr. dor.

231 *bis*. Les aventures de Télémaque, par Fénélon. *Paris*, 781, in-18, 2 vol., pap. fin, br.

De la bibliothèque de Mérard de St.Just.

232. Les mêmes. *Paris, Didot*, 796, in-8, fig. avant la lettre, 4 vol., br.

233. Les mêmes, impr. pour l'éducation du dauphin. *Paris, Didot*, 783, in-18, pap. vél., 4 vol., mar. rou., dent., tr. dor.

234. La Télémacomanie ou la censure et critique.... des avantures de Télémaque (par l'abbé Faydit). *Eleuterople*, 700, in-12, v. br.

235. Les amours de Psyché et de Cupidon, par J. de Lafontaine. *Paris, Dufart*, 793, in-12, pap. vél., fig. av. la lettre, mar. rou., dent., tr. dor.

236. Les mêmes. *Paris*, 800, in-12, 2 vol., cuir de Russie, dent., tr. dor.

237. Lettres d'une Péruvienne, par Mme de Graffigny, trad. du français en italien, par M. Deodati. *Paris*, 797, gr. in-8, fig., br.

238. Le diable boiteux, par Lesage. *Paris, Werdet*, 826, in-32, 2 vol., dem. v.

239. La religieuse, par Diderot. An v, in-8, dem. mar. rou.

240. Corinne ou l'Italie, par Mme de Staël. *Paris, Nicolle*, 818, in-8, 2 vol., bas. — Delphine, par Mme de Staël. *Paris, Nicolle*, 819, in-8, 3 vol., bas.

241. Le dernier jour d'un condamné, par V. Hugo. *Paris, E. Renduel*, 832, in-8, dem. mar. bl., non rog.

242. Le cocu, par Paul de Kock. *Paris, G. Barba*, 835, in-8, dem. v., non rog.

243. Mortel, ange ou démon, par Ed. Magnien. *Paris*, 836, in-8, 2 vol., dem. v.

244. La monaca di Monza. *Pisa, Capurro*, 829, in-12, 3 vol., dem. v., non rog., têtes dorées.

245. L'ingénieux chevalier D. Quixotte de la Manche (trad. par Delaunaye). *Paris, Desoer*, 821, in-18, fig., 4 vol., br.

246. Les visions de don Francisco de Quevedo Villegas augmentées de l'enfer réformé et du décret de Lucifer, trad. de l'espagn. par le sieur de la Geneste. *Troyes, Nic. Oudot*, 676, in-8, vél.

247. Tom Jones, trad. de l'angl. par Davaux , *Paris*, an IV, in-8, pap. vél., 4 vol., br. en cart.

248. The life and opinions of Tristram Shandy, by Laur. Sterne. *Paris, Baudry* 832, in-8, dem. v. f., non rog.

249. A sentimental journey, by L. Sterne. *Paris*, 825, in-18, dem. v.—Voyages de Gulliver. *Paris, Dauthereau*, 828, in-32, 2 vol., dem. mar. bl.

250. Tales of a traveller, by Washington-Irving. *Paris*, 831, in-18, 2 vol., dem. v.

251. Tales of my Landlord, by W. Scott (Black dwarf, Old mortality and the Heart of Mid-Lothian). *Paris, Baudry*, 831, in-8, 2 vol., dem. v. f., non rog.—Waverley or it is sixty years since (by W. Scott). *Paris, Baudry*, 831, in-8, dem. v., non rog.

252. Des OEuvres de Walter Scott. *Paris, Gosselin*, 822, in-8, dem.-rel. et br. : Rob-Roy, 2 vol.; Guy-Mannering, 2 vol.; le Nain et les Puritains, 2 vol.; la Prison d'Edimbourg, 2 vol.; l'Officier de fortune, 1 vol.; la Fiancée, 1 vol.; Péveril du Pic, 2 vol.; l'Antiquaire, 2 vol., l'Abbé, 2 vol.; le monastère, 2 vol.

253. Les facétieuses nuits du seigneur de Straparole. 726, in-12, 2 vol., v. br.

254. Les bigarrures et touches du seigneur des Accords, avec les apophthègmes du sr Gaulard. *Paris*, 662, in-12, 2 tom. en 1 vol., vél.

255. Le moyen de parvenir, par Beroalde de Verville. 773, pet. in-12, 2 vol., v. m.

256. Plaisantes recherches d'un homme grave sur un farceur, prologue tabarinique pour servir à l'histoire littéraire et bouffonne de Tabarin (par M. C. Leber). *Paris, Crapelet*, 835, in-16, pap. de Holl., br.

Tiré à 50 exemplaires.

257. Procez et amples examinations sur la vie de Carême-Prenant.═Traité de mariage entre Julian Peoger et Jacqueline

Papinet.═Copie d'un bail et ferme-faite par une jeune dame....═La raison pourquoi les femmes ne portent barbe au menton.... *Paris*, 605, pet. in-8, dem. v., non rog.

258. Mémoires de l'académie de Troyes, contenant des dissertations, dont l'une sur l'usage de battre sa maitresse. 768, in-12, v. m.

259. L'anti radoteur ou le petit philosophe moderne. *Londres*, 785, in-18, mar bl., fil., tr. dor. — La caninomanie, trad. et publ. par César, chien de haute lignée. 789, in-18, fig., br.

260. Mémoires pour servir à l'histoire de la calotte (par Aymon, Gâcon, Margon et Desfontaines). *Aux Etats-Calottins*, 752-54, pet. in-12, 6 part. en 3 vol., v. m.

261. La nobilta' dell' asino di Attabalippa del Perù. *Ristampata in Ferrara, per il Baldini, s. a.* ═La vera historia della piacevoliss. festa della porchetta, che si fa ong' anno in Bologna el giorno di S. Bartolomeo, di G. Ces. dalla Croce. *Bologna, Her. di Gio. Rossi*, 599.═Le piacevoli et ridicolose facetie di M. Poncino. *Venetia, G. B. Bonfadino*, 611, pet. in-8, vél.

262. Onze pièces facétieuses en vers, in-8 et in-12, non rel. : La Pipe cassée; la Capilotade; Testament d'une fille d'amour; Complainte des filles, 1768; les Ambulantes à la brune; les Sultanes nocturnes; les Coëffeurs des dames; Brevet d'apprentissage d'une fille de mode.

263. La cacomonade, hist. politique et morale (par Linguet). *Cologne*, 766, in-12, br.

264. Pensées sur les femmes et le mariage. *Kelh*, 782, in-12, fig., 4 part. en 2 vol., v. m.

265. Les priviléges du cocuage. *Cologne*, 698, pet. in-12, br.—La vie de P. Arétin, par Boispréaux. 750, pet. in-12, v. m.

266. J. Meursii elegantiæ latini sermonis, seu Aloisia Sigæa toletana de arcanis amoris et veneris (edente Moet). *Lugd.-Bat., Elzev. (Parisiis, Grangé)*, 757, in-8, fig., 2 tom. en 1 vol., mar rou., fil., tr. dor.

267. Eædem (edente Moet). *Lugd.-Bat., Elzev.* 774 (*Londini*, 784), in-12, fig., 2 tom. en 1 vol., v. fil., tr. dor.

268. La rettorica delle puttane. *Villafranca*, 673.═La pudicitia schernita di Ferrante Pallavicino. *Villafranca*, 673, in-12, 2 part. en 1 vol., mar. rou., fil., tr. dor.

(25).

2. POÉSIE.

269. Réflexions critiques sur la poésie et la peinture, par Dubos. *Paris*, 755, in-12, 3 vol., v. m.

270. Les quatre poétiques d'Aristote, d'Horace, de Vida, de Despréaux, par Batteux. *Paris*, 771, in-8, 2 tom. en 1 vol., v. f., fil.—Ger. Joa Vossii poeticarum institutionum lib. III. *Amst.*, *L. Elzev.*, 647, in-4, v. f.

271. De poematum cantu et viribus rythmi (aut. Isa. Vossio). *Oxonii*, 673, in-8, v. br.

272. Erotopsie ou coup-d'œil sur la poésie érotique et les poëtes grecs et latins. *Paris*, 802, in-8, cart.

273. Carmina homerica. Ilias et Odyssea, a rhapsodorum interpolationibus repurgata...., cum notis ac prolegomenis. *Londini*, *Rich. Payne*, *in œdibus Valpianis*, 820, pet. in-4, pap. vél., br. en cart.

274. Pindari Olympia, Nemea, Pythia, Istmia, gr., cum scholiis græcis *Impressi Romæ*, *per Zach. Calergi*, (515), pet. in-4, vél.

275. P. Virgilius. *Amst.*, *L. Elzev.*, 638, in-24, cuir de Russie, fil., tr. dor.

276. Idem. *Amst.*, *Elzev.*, 676, in-12. (*Grand de marges, mais taché.*)

277. Idem, ex edit. Burmanni. *Glasguæ*, *Foulis*, 784, pet. in-8, mar. bl., fil., tr. dor.

278. Q. Horatius, cum notis J. Bond. *Amst.*, *Dan. Elzev.*, 676, pet. in-12, mar. v., tr. dor. à comp. (*Thouvenin.*)

279. Idem. *Londini*, *Sandby*, 749, pet. in-8, fig., 2 vol., v. f. fil., tr. dor.

280. Idem, ed. Amar. *Paris.*, *Lefèvre*, 825, in-32, v. fil.

281. Idem, cum annot. gall. L. Poinsinet de Sivry. *Paris*, 777, in-8, 2 vol., bas.

282. L'opere d'Oratio, comentate da Giov. Fabrini. *Venetia*, 581, in-4, dem. v.

283. Publ. Ovidii opera, Dan. Heinsius recensuit. *Lugd.-Bat.*, *ex offic. Elzev.*, 629, pet. in-12, 3 vol., mar. bl., fil., tr. dor.

284. OEuvres de P. Ovide, *Paris*, *Panckoucke*, 834, in-8, 10 vol., br.

285. P. Papinii Statii opera, e recens. Fr. Gronovii. *Amst.*, *Elzev.*, 653, in-24, mar. noir, fil., tr. dor.

286. Cl. Claudianus. *Amst.*, *L. Elzev.*, 650, in-24, mar. noir, fil., tr. dor.

287. Erotopægnion , sive Priapeia veterum et recentiorum (edente Noel). *Lut.-Paris.*, 798, in-8, fig., pap. vél., br.

288. Venantii Fortunati carminum, epistolarum et expositionum libri XI, ex editione Ch. Broweri. *Moguntiæ*, 604, in-4, vél.

289. Septem illustrium virorum poemata. *Antuerpiæ*, 662, in-8, fig., v. br. — B. Bauhusii epigrammata. *Antuerpiæ*, 620, in-12, v.

290. J. Cæs. Scaligeri epigrammata. *Paris.*, *Vascosan*, 533. =Ejusd. Lacrymæ. 534, pet. in-8, 2 tom. en 1 vol., v.·f., fil., tr. dor.

291. P. Ang. Bargæi poemata omnia; item Marii Columnæ quædam carmina. *Florentiæ, apud Juntas*, 568, pet. in-8, vél., dent.

292. Gul. Paradini epigrammata. *Lugduni, Gryphius*, 584, pet. in-4, v. f., fil., tr. dor.

293. Theod. Bezæ Vezelii poemata, M. Ant. Mureti et Joa. secundi juvenilia. *Lugd.-Bat.* (*Paris.*, *Barbou*), 757, in-12, v. m., fil., tr. dor.

294. Sarcotis carmen, auct. Jac. Masenio, editio altera cura et studio J. Dinouart. *Paris.*, *Barbou*, 757, in-12, v. m., tr. dor.

295. Sacra Regum historia , heroico carmine reddita per Gilb. Filholium. 687, in-8, vél. — Maury, theatrum universæ vanitatis. 646, in-8, vél. — J. Moireau, poemata. 643, in-12, vél.

296. Fr. Jos. Desbillons fabulæ. *Paris*, *Barbou*, 769, in-12, v. m., fil., tr. dor.

297. Istoria della volgar' poesia, da Crescembeni. *Venezia*, 730, in-4, 6 vol., v. m., fil.

298. Della storia e delle ragione d'ogni poesia di Fr. Quadrio. *Bologna*, 739-52, in-4, 5 tom. en 7 vol., dem.-rel.

299. Della perfetta poesia italiana spiegata e dimostratata da Muratori. *Venezia*, 648, in-4, 2 vol., dem.-rel.

300. Bellezze della letteratura italiana. *Firenze*, 826, in-18, 2 vol., br.—Dionomachia, poemetto eroi-comico. *Londra*, 817, in-12, bas. — Opere scelte di Gravina. *Milano*, 819, in-12, br.

301. Rime diverse di molti eccellentiss. autori nuovamente raccolte. *Vinetia, Giolito di Ferrari*, 546, pet. in-8, v. f., dent. et comp. à fr., tr. dor.

302. Orlando Furioso, di Lod. Ariosto. *Parigi, Fantin*, 804, in-4, fig., 4 vol., br.

303. Roland Furieux, trad. par Panckoucke et Framery. *Paris*, 787, in-18, 10 vol., br.

304. Il Goffredo overo Gierusalemne liberata di T. Tasso, con le figure di Tempesta. *Roma, Fil. de Rossi*, 657, in-24, v. f., fil.

305. L'adone, poema heroico del C. Marino, con gli argomenti del conte Sanvitali e l'allegorie di don Lorenzo Scoto. *Amst., D. Elzev.*, 678, in-32, 4 vol., mar. vert, doublés de tabis, tr. dor. *(Rognés.)*

306. Il libro del Perchè, la Pastorella del Marino, la Putana errante di P. Aretino. *Peking, s. a.*, pet. in-8, v. éc., fil., tr. dor.

307. Opere di Gius. Baretti. *Milano*, 813, in-8, 3 vol., br.

308. Attara Zeneize di Gian-Giac. Cavalli, còlla giunta di alcune rime de' più antichi rimatori Genovesi. *Genova*, 745, in-8, vél.

309. Poesi piemontesi raccolte da M. Pipino. *Torino*, 783, in-8, cart.

310. Il Maggio romanesco overo il palio conquistato, poema epicogiocoso nel linguaggio del volgo di Roma, di Camillo Peresio. *Ferrara*, 688, in-8, vél.

311. Il tesoro della Sardegna ne' bàchi e gelsi, poema sardo e italiano, di A. Purqueddu. *Cagliari*, 779, in-12, br.

312. Poesie scelte edite ed inedite in dialetto friulano, di Ermes Co. di Colloredo. *Udine*, 828, in-8, 2 vol., br.

313. L'dsgrazi d'Bertuldin dalla Zena miss' in rima da G. M. B. *Bologna*, 736, in-4, fig., v. f., fil.

En dialecte bolonais.

314. Le muse napolitane egroche di G. Alesio Abattutis. *Napoli*, in-12, v. f. *Thompson.*

315. Opere di G. Ces. Cortese in lingua napoletana. *Napoli*, 666, pet. in-12, 6 parties en 1 vol., vél.

316. Las obras de Boscan, y alcunas de Garcilasso de la Vega. *Anvers*, 597, in-16, v. f. — Obras do doutor Fr. de Saa de Miranda. *Lisboa*, 651, in-24, vél.

317. Caramuru, poema epico, por Jose de Santa Rita Durao.

R.

Lisboa, 781, in-12, dem. v. — Caramuru ou la découverte de Bahia. *Paris*, 829, in-12, 3 tom. en 1 vol., br.

318. O hyssopo, poema heroi-comico de A. Dinis. *Paris*, 821, in-12, dem.-rel. — Poezias de Jose d'Alvarenga. *Rio de Jan 'ro*, 830, in-18, v., fil. — Marilla de Dirceo. *Lisboa*, 827, in-18, br. — Poesie lyrique portugaise ou choix des odes de Fr. Manoël, trad. en franç. par Sané. *Paris*, 808. in-8, br., et 2 autres vol. trad. du portug.

319. Almanach littéraire ou étrennes d'Apollon. *Paris*, 777-92, in-18, 8 vol., bas.

320. Fabliaux et contes des poëtes français des XII°, XIII°, XIV° et XV° siècles (publ. par Barbazan). *Paris*, 766, 3 vol., pet. in-12, bas.

321. Ce est li roman de la rose ou l'art d'amour est toute enclose.

Manuscrit du 18° siècle, il contient 22390 vers.

322. Poésies de Marie de France, publiées par B. de Roquefort. *Paris*, 820, in-8, 2 vol., fig., br.

323. Recherches sur les travaux faits en France, pour la publication des épopées nationales, par Ferd. Wolf. *Vienne*, 833, in-8, br. en cart. *(En allemand.)*

324. Le roman de Rou et des ducs de Normandie, par Rob. Wace, poète norm. du XIII° siècle, publ. avec des notes par Fr. Pluquet. *Rouen, Ed. Frère*, 827, in-8, gr. pap. de mise en train, 2 vol., Brad.

325. Notice sur la vie et les écrits de Rob. Wace, par Fr. Pluquet. *Rouen, J. Frère*, 824, in-8, gr. pap., cart.

326. Observations philologiques et grammaticales sur le roman de Rou et sur quelques règles de la langue des trouvères au XII° siècle, par Raynouard. *Rouen, Ed. Frère*, 829, in-8, br.

327. Le roman de Brut, par Wace, poète du XII° siècle, publ. avec un commentaire et des notes, par Leroux de Lincy ; avec la description des manuscrits. *Rouen, Ed. Frère*, 836, in-8, gr. pap. vél., fig., 3 vol., br.

328. Le même. Pap. ord., br.

329. Miracle de Notre-Dame de Robert le Diable, fils du duc de Normandie. *Rouen, Ed. Frère*, 836, in-8, br.

330. Les poésies de Martial de Paris, dit d'Auvergne. *Paris, Coustelier*, 721, in-12, vol., v. br.

331. Recueil des plus belles pièces des poëtes français depuis

Villon jusqu'à Benserade. *Paris, Barbin*, 692, in-12, 5 vol., br.

332. Œuvres de Clément Marot. 582, pet. in-12, v. f., fil., tr. dor.

333. Œuvres de P. Ronsard. In-16, 6 tom. en 5 vol., v. f. fil., tr. dor., contenant : Les Amours. *Paris, G. Buon*, 571. ═Odes. *Ibid.*, 573.═Poésies. *Ibid.*, 578.═Elégies. *Ibid.*, 573.═Hymnes. *Ibid.*, 573.═Discours des misères de ce tems. *Ibid.*, 573. — Poésies. *Ibid.*, 560, in-16, v. f., fil., tr. dor.

334. Œuvres de J. Dubellay. *Rouen*, 592, in-12, vél., fil., tr. dor.

335. La lyre du jeune Apollon, ou la muse naissante du petit Beauchateau (âgé de 10 ans). 657, in-4, v. br.

Avec les portraits des personnages célèbres du temps.

336. Œuvres diverses d'un auteur de sept ans (le duc du Maine), (publ. par Mme de Maintenon en 1678). in-4, v. gr.

Ce volume, tiré à petit nombre, est très-rare.

337. Œuvres de Boileau, avec le commentaire de St. Surin. *Paris, Blaise*, 821, in-8, pap. vél., fig. avant la lettre, 4 vol., dem. mar. bleu.

338. Les mêmes, revues par Viollet-le-Duc. *Paris, Desoer*, 828, in-18, 4 vol., br.

Edition elzevirienne.

339. Œuvres complètes de Lafontaine. *Paris, Delongchamps*, 826, in-8, fig. ajoutées, dem. mar. citr., non rog.

340. Les œuvres de Saint-Amant. *Paris*, 642, in-4, v. m., fil.

341. Diverses poésies de J. R. Segrais (de Caen). 659, in-12, v.—Recueil de vers choisis (par Bouhours). 693, in-12, v. — Le Pétrone en vers français. 667, in-12, v. — Elégies amoureuses d'Ovide, en vers. 666, in-12, v.

342. Œuvres de Sarrasin. 658, in-12, v. fil.—Poèmes et autres poésies de.... (Villiers). 712, in-12, v. — Poésies de Mlle Malcrais de la Vigne. 735, in-12, v.

343. Œuvres de J.-B. Rousseau. *Londres (Paris)*, 753, in-12, 5 vol., v. f. *(Avec les couplets.)*

344. Œuvres diverses de Grécourt. *Londres, s. d.*, pet. in-12, 8 tom. en 4 vol., mar. citr.

345. Œuvres de Piron. 758, in 12, fig., 3 vol., v. éc., fil., tr. dor.

Bel exemplaire avec envoi et signature de Piron.

346. Poésies de la Monnoye. 716, in-8, v. f. — Pièces déro-
bées à un ami. *Amst.*, 752, in-12, 2 vol., v. m. —Poésies
de la Motte. 767, in-12, v. m. — Poésies de Desforges-Mail-
lard. 750, in-12, v.

347. La Parisélde ou Paris dans les Gaules (par G. d'Ancourt.)
Paris, Pissot, 773, in-8, 2 tom. en 1 vol., mar. rou.
fil., tr. dor.

348. Le vice puni ou Cartouche, poëme (avec un dictionnaire
d'argot), par Grandval. *Amst.*, 738, in-8, v. f.

349. La chandelle d'Arras, par Dulaurens. *Paris, Egasse,* 807,
in-12, fig., v. f., tr. dor.—La Henriade travestie, par Mon-
geron. *Paris, Berquet,* 825, in-32, v. gr., dent.

350. Etrennes aux gens d'église ou la chandelle d'Arras (par
Dulaurens). 774.⚌Contes théologiques, suivis des litanies
des catholiques du XVIII° siècle. *Paris,* 783. ⚌ Le consis-
toire ou l'esprit de l'église, poëme héroï-comique (par
Aristide Valcour). *Paris,* an vii, in-8, dem.-rel.

351. Le joujou des demoiselles, avec gravures d'Eisen et Le-
mire, texte gravé. In-8, v. m., fil., tr. dor.

352. De Delille : La conversation. *Paris,* 812, gr. in-8, fig.,
cart.—L'imagination. *Paris, Didot,* 810, gr. in-8, pap.
vél., fig., 2 vol., cart.

353. De Campenon : La maison des champs, poëme. *Paris,*
817, in-18, pap. vél., fig., bas., fil. — L'enfant prodigue,
poëme. *Paris,* 812, in-8, fig., bas., fil.

354. Recueil de vaudevilles anciens et nouveaux. *De Beaulieu
scripsit,* 748, in-4, v. f., fil.

Manuscrit.

355. Recueil d'énigmes et de quelques logogriphes, par l'ab.
Berthelin. *Paris,* 740, in-12, v. m.

356. Les dons des enfants de Latone; la musique et la chasse
du cerf, poëmes. *Paris,* 734, in-8, fig. et musique, v. m.

357. Recueil de poètes gascons, contenant les œuvres de Gou-
delin, avec le dictionnaire de la langue toulousaine, les œuvres de Le Sage de Montpellier et de Michel de Nismes.
Amst., Dan. Pain, 700, in-12, 2 vol., v. gr.

358. Lou trimfo de la lengouo gascono, per d'Astros. *Tou-
louso,* 762, in-12, mar. rou., fil., non rog. (*Thouvenin.*)

359. Récul d'uvras patoisas, dé M. Fabre. *Mounpéyé,* 815,
in-12, 2 tom. en 1 vol., dem.-rel.

(31)

360. Recueil de poursies prouvençalos de Gros de Marsillo. *Marseille, Siblé*, 763, in-8, cart., non rog.

361. Poésies béarnaises (un patois béarnais). *Pau, Vignan:öirt*, 827, in-8, br.

362. The lives of the most eminent english poets, by S. Johnson. *Edinburgh*, 815, in-12, 2 vol., cart.

363. Specimens of the early english poets. *London*, 790, pet. in-8, dem. v.

364. The poetical works of J. Milton. *Paris, Baudry*, 837, in-32, 3 vol., mar. noir, fil., tr. dor..

365. Paradis perdu, trad. par J. Delille. *Paris*, 805, in-18, pap. vél., fig., 3 vol., bas. fil.

366. The poetical works of Alex. Pope. *Paris, Baudry*, 827, in-32, 3 vol., mar. noir, fil., tr. dor.

367. Fables, by J. Gray and by Edw. Moore. *Paris, Renouard*, 803, in-12, br. — Poems and translations, by Reginald Heber. *London*, 812, in-12, cart.

368. Œuvres poétiques de Hans Sachs, publ. par J. G. Busching. *Nuremberg*, 819, in-8, 3 vol., br. *(En allem.)*

369. Messie, poeme (en russe). *Moscou*, 785, in-8, 2 vol., v. ant.

370. Anthologie russe, suivie de poésies originales, par Dupré de St.-Maur. *Paris*, 823, in-8, br.

THÉATRE.

371. Euripidis tragœdia Hippolytus, quam, latino carmine conversam a G. Ratallero, adnotationibus instruxit Valckenaer. *Lugd.-Bat.*, 768. = Valckenaer diatribe in Euripidis perditorum dramatum reliquias. *Lugd.-Bat.*, 767, in-4, 2 part. en 1 vol., cart., non rog.

372. Euripidis Hippolytus coronifer, gr., cum annotationibus H. Monk. *Cantabrigiæ* 813, gr. in-8, pap. vél., br. en cart.

373. P. Terentius. *Lugd.*, 542, in-32, mar. bl., fil., tr. dor. *(Deseuil.)*

374. P. Terentius. *Amst., Wetstenius, s. a.*, in-24, cuir de Russie, fil., tr. dor. *(Piqué.)*

375. Aminta di Torq. Tasso. *Parigi, Renouard*, 800, in-12, fig., v. m.

376. Il pomo d'oro festa teatrale rappresentata in Vienna, per le nozze di Leopoldo et Margherita, da Franc. Sbarra. *Vienna*, 668, in-8, v. br., figures nombreuses et singulières.

377. Théâtre espagnol (trad. par Linguet). *Paris, de Hansy*, 770, in-12, 4 vol., mar. rou., fil., tr. dor. *Aux armes de madame du Barry*.

378. Comedias verdaderas del celebre poeta esp. D. Pedro Calderon de la Barca, nuevamente corregidas D. Juan de Vera Tassis y Villarroel. *Madrid, por la Viuda de Blas de Villanueva*, 726, pet. in-4, tom. 1 à 9, vél. bl., tr. dor. (Le titre du tom. 1er manque.)

379. Recueil de 12 pièces, dont : Observations sur les comédiens, Lettres et réflexions sur l'opéra, Boleana, etc., le tout réuni en 3 vol. in-12, v. éc.

380. Recueil de 19 pièces, dont : Pour et contre l'affaire de mademoiselle Petit de l'opéra, Voyage en Languedoc et de Provence, etc. In-8, 2 vol., v. m.

381. Spectacles de Paris, ou calendrier historique et chronologique des théâtres. In-24, 26 vol. rel. et br.

382. Bibliothèque des théâtres. 733, in-8, br. — Histoire du théâtre de l'académie royale de musique. 757, in-8, 2 vol., br. — Mémoire pour servir à l'histoire des spectacles de la foire. 743, in-12, 2 vol., br. — Histoire de l'ancien théâtre italien depuis son origine (par les frères Parfait). In-12, br.

383. Abrégé de l'histoire du théâtre français, depuis son origine, par de Mouchy. 780, in-8, 3 vol., dem.-rel.

384. Œuvres de J. Racine. *Paris, Dufour*, 826, in-32, 2 vol., mar. viol., fil., tr. dor.

385. Œuvres complettes de Crébillon. *Paris*, 785, in-8, fig., 3 vol., v. éc., fil.

386. Le devin du village, par J. J. Rousseau. Gr. in-4, cart. Manuscrit que l'on prétend être de la main de J. J. Rousseau.

387. Les Gracques, tragédie, par Mercurin de St-Remy. *Paris*, 791, in-8, cart. — Hécube, tragédie, imitée d'Euripide. *Paris*, 793, in-8, cart. — La mort de Socrate, drame par Bernardin-de-St-Pierre. *Paris, Didot*, 808, in-18, pap. vél., v. bl., fil., tr. dor.

388. Procès entre L. Travenel, de l'académie royale de musique, contre le sieur Arrouet de Voltaire. In-4, 6 pièces réunies en 1 vol., v. f., fil.

389. Parodies du théâtre italien (l'hôtel de Bourgogne). 738, pet. in-8, fig., 4 vol., v. f., fil.

390. Le théâtre danois, par Louis Holberg, trad. du danois par Fursmann. *Copenhague*, 746, in-12, v. f. (*Tome 1er, le seul qui ait été publié.*)

BEAUX-ARTS.

391. De Fournier le jeune : Dissertation sur l'origine et les progrès de l'art de graver en bois. *Paris*, 758. == De l'origine et des productions de l'imprimerie primitive en taille de bois. *Paris*, 759. == Observations sur un ouvrage intitulé : Vindiciæ typographicæ. *Paris*, 760, in-8, v. f. ant., fil., tr. dor.

392. Dialogu s sur la peinture, de Louis Dolce, intitulé : l'Arétin, dans lequel on traite de toutes les qualités nécessaires au bon peintre, franç.-ital. *Florence*, 735. in-8, vél.

393. Du bon goût de la peinture, considérée dans toutes ses parties, par André Lens. *Bruxelles*, 814, in-8, fig., br.

394. Idée générale d'une collection complette d'estampes, avec une dissertation sur l'origine de la gravure et sur les premiers livres d'images (par Heinecken). *Leipsic*, 771, in-8, fig., v. f. ant., fil. (*Piqure dans la marge du bas.*)

295. Catalogue raisonné des tableaux du roi, avec la vie des peintres, par l'Epicier. *Paris, I. R.*, 762, gr. in-4, 2 vol., v. f., fil., tr. dor. (*Aux armes.*)

> Très-bel exemplaire.

396. Architecture ou art de bien bâtir de Vitruve Pollion, mis du latin en français, par Jean Martin. *Paris, Jacques Gazeau*, 547, fig. sur bois. == La perspective curieuse ou magie artificielle des effets merveilleux, par le P. Niceron. *Paris*, 638, in-fol., fig., v. m.

> On trouve à la fin du Vitruve une dissertation sur l'architecture, par Jean Goujon, qui lui-même a exécuté une partie des gravures sur bois de ce volume.

397. L'architecture et art de bien bastir du seigneur Léon Bapt. Alberti, trad. du latin, par J. Martin. *Paris, J. Kerver*, 553, in-fol., fig. sur bois, vél. v.

398. Instituzioni harmoniche di Gios. Zarlino da Chioggia.

Venetia, 573.==Dimostrationi harmoniche del medesimo.
Venetia, 574, in-fol., v. br:. fil. (*Rel. fatiguée.*)

HISTOIRE DES SCIENCES ET DES LETTRES.
—BIBLIOGRAPHIE.

399. Origine des premières sociétés des peuples, des sciences, des arts et des idiomes anciens et modernes. *Paris*, 770, in-8, br.

400. Polyd. Vergilii de inventoribus rerum lib. VIII et de prodigiis lib. III. *Amst., Dan. Elsev.*, 671, pet. in-12, v. br.

401. Recherches historiques sur les cartes à jouer, avec des notes (par Bullet). *Lyon*, 757, pet. in-8, br.

402. Eclaircissemens historiques et critiques sur l'invention des cartes à jouer, par l'abbé Rive. *Paris*, 780, pet. in-12, br.

403. De la littérature et des hommes de lettres des Etats-Unis d'Amérique, par Vail. *Paris*, 841, in-8, br.

404. Dictionnaire pour servir à l'intelligence des auteurs classiques grecs et latins, par Math. Christophe. *Paris*, 805, in-8, 2 vol., cart.

405. Jo.Alb. Fabricii bibliotheca latina, nunc melius delecta, rectius digesta et aucta diligentia Ernesti. *Lipsiæ*, 773, in-8, 3 vol., br.

406. Mémoires secrets de la répubiques des lettres, par le marquis d'Argens. *Amst.*, 714, pet. in-12, 7 vol., v. m.

407. Resumé de l'histoire de la littérature française. *Paris*, *L. Janet*, 825, in-18, dem.-rel.

408. De la littérature des Turcs, par Toderini. *Paris*, 789, in-8, 3 tom. en 1 vol., bas. — De la littérature des nègres, par Grégoire. *Paris*, 808, in-8, br.

409. Dan. Eb. Baringii clavis diplomatica, specimina veterum scripturarum tradens, alphabeta nimirum varia, medii ævi compendia scribendi, notariorum veterum signa perplura, etc.; præmissa est bibliotheca scriptorum rei diplomaticæ. *Hanoveræ*, 754, in-4, pl., bas.

410. Dictionnaire diplomatique ou étymologies des termes des bas siècles, par Montignot. *Nancy*, 789, in-8, br.

(35)

411. Prospectus d'un ouvrage proposé par souscription · Essai sur l'art de vérifier l'âge des miniatures peintes dans les manuscrits depuis le XIV° jusqu'au XVII° siècles inclusivement, etc.), par l'abbé Rive. *Paris*, 782. pet. in-12, br.

412. Dissertation sur l'origine de l'imprimerie en Angleterre, trad. de l'angl. de Middleton, par Imbert. *Londres*, 775, in-8, v. m.

413. Dissertations sur les bibliothèques. 758, pet. in-8, br. — La bibliothèque choisie de Colomiès. 731, in-12, v. m.

414. Sylloge aliquot scriptorum de bene ordinanda et ornanda bibliotheca, studio et operâ Jo. Dav. Koeleri. *Francof.*, 728, in-4, parch.

415. Nouveau système de bibliographie alphabétique, précédé de considérations sur l'ortographe, par M. de Fortia-d'Urban. *Paris*, 822, in-12, v. viol., fil.

416. Manuel du libraire..., par Brunet. *Paris*, 820, in-8, pap. collé, 4 vol.; br. en cart. — Nouvelles recherches..., par Brunet. *Paris*, 834, in-8, pap. fin, collé, 3 vol., br.

417. Bibliothèque curieuse et instructive (par le P. Ménestrier). *Trévoux*, 704, in-12, 2 parties en 1 vol., v. br.

418. Nouvelle bibliothèque d'un homme de goût, par Barbier et Dessessarts. *Paris*, 808, in-8, 5 vol., Brad.

419. Bibliographie étrangère ou indication raisonnée des livres nouveaux qui paraissent dans les pays étrangers. *Paris, Truttel et Wurts*, 801-830, 30 vol., in-8, br.

420. Serie dell' edizioni de' testi di lingua italiana da Bart. Gamba. *Milano*, 812, in-18, mar. rose, tr. dor.

Reliure anglaise. Armoiries.

SCIENCES POLITIQUES.

421. Entretiens de Phocion, par Mably. *Paris, Cazin*, 792, in-18, v. rac., fil., tr. dor. — Intérêts et maximes des princes et des états souverains. *Cologne*, 666, pet. in-12, 2 vol., dem-rel.

422. Traité de la cour, ou instructions des courtisans. *Leide, Elzev.*, 649, pet. in-12, parch. — Nouveaux intérêts des princes de l'Europe. *Cologne, P. Marteau*, 686, pet. in-12, v. br. — Histoire du schisme d'Angleterre de Sanderus, trad. par Maucroix. *Selon la copie*, 683, pet. in-12, v. m.

R.

423. Instituts politiques et militaires de Tamerlan, trad. par L. Langlès. *Paris*, 787, in-8, br.

424. Copie de par l'empereur sur le fait des monnoies. *Anvers*, 539. — Copie du mandement et ordonnances de l'empereur sur le fait des monnoies. *Anvers*, 539, pet. in-8, goth.

425. Ordonnance et placcart du roi sur le faict des monnoies. *Anvers*, 622, in-4, fig., br.

426. Le placcart, ordonnance et permission de l'Impériale Majesté sur les monnoies. *Louvain*, 548. — Ordonnance et modération du roi notre sire sur le cours des deniers d'or et d'argent. *Gand*, 559, pet. in-8.

427. Projet d'une dixme royale, par le maréchal de Vauban. 707, in-12, v. br.

428. Réflexions sur les finances et le commerce (par Dutôt). *La Haye*, 754, in-12, 2 vol., v. m., fil. — Examen du livre intitulé : Réflexions sur les finances et le commerce (par Paris du Verney). *La Haye*, 740, in-12, 2 vol., v. m., fil.

429. Des monnoies, augment et diminution du prix d'icelles, par Fr. Grimaudet. *Paris, Marnef*, 586, pet. in-8, vél.

430. Ordonnance du roy contenant le cours, poids et prix donné par ledit sieur, aux escus, sols, testons, etc. *Paris, J. Dallier*, 573, pet. in-8, br., rog.

431. Ordonnance du roy, sur le faict et règlement général de ses monnoies. *Paris, J. Dallier*, 577, in-8, fig., non rel.

432. Ordonnance du roy sur le faict et règlement général de ses monnoyes. *Paris*, 615, pet. in-8, fig., non rel.

433. Edict du roi portant fabrication d'espèces d'argent : augmentation du marc d'argent et des quarts d'escu, testons, etc. *Paris*, 643, in-8, fig., v. br., tr. dor.

434. Dictionnaire de l'industrie manufacturière, commerciale et agricole. *Paris, Baillière*, 833-39, in-8, fig., 8 vol., br.

435. Abrégé historique des hôpitaux, leur origine, les différentes espèces d'hôpitaux, d'hospitaliers et d'hospitalières, par l'abbé de Recalde. *Paris*, 784, in-12, cart.

436. Etat général des unions faites des biens et revenus des maladreries, léproseries aux hôpitaux des pauvres malades. *Paris*, 705, in-4, v. br.

437. L'institution des enfants de l'hôpital de la Trinité érigée en 1545, avec la forme du gouvernement. *Paris*, 715, in-4, parch.

438. Traité philosophique des lois naturelles, par Rich. Cumberland, trad. du latin, par Barbeyrac. *Paris*, 744, in-4, v. f.

439. La législation primitive, par de Bonald. 802, in-8, 3 vol., br.

440. L'alambic des loix et l'alambic moral (par Robinet). 773, in-8, 2 vol., v. &c., fil.

441. Abrégé de la jurisprudence romaine, par Cl. Colombat. 655, in-4, v. br.—Remarques du droit français sur les institutes de Justinien (par Mercier). 665, in-4, v.

442. Justiniani institutiones, edente Berthelot. 809, in-8, 2 vol., br.

442 *bis*. Ant. Perezii commentarius in codicem. *Amst.*, *Lud. Elzev.*, in-fol., vél.

443. Barbarorum leges antiquæ, cum notis et glossariis, etc., collegit, notis et animadversionibus illustravit F. Paulus Canciani. *Venetiis*, 781-92, in-fol., 5 vol., vél.

444. C. Sigonii de antiquo jure Italiæ libri tres. = Ejusd. de antiquo jure civium romanorum libri duo. *Parisiis*, 573. = Jul. Pelei questio nobilissima de solutione matrimonii ex causa frigoris publicè tractata et judicata. *Parisiis*, 602. =Ejusdem quæstio singularis de solutione matrimonii ob defectum testium non apparentium in senatu tractata et judicata. *Parisiis*, 602, pet. in-8, v. m.

445. Manuel de droit français, par Paillet. *Paris*, 826, in-8, dem. v.

446. Les six codes. *Paris*, *J. P. Roret*, 828, in-32, 2 vol., mar. viol., non rog. — Code théâtral, par J. Rousseau. *Paris*, 820, in-18, dem. mar. noir.

447. Traité des priviléges et hypothèques, par Favard de Langlade. In-8, dem. mar. rou. — Le nouveau Dunod ou traité des prescriptions, par La Porte. 810, in-8, dem.-rel.

448. Traité de la contrefaçon et de sa poursuite en justice, par Et. Blanc. *Paris*, 838, in-8, br.

449. Il consolato del mare colla spiegazione di G. Maria Casaregi, con il portolano del mare d'Alvise da Mosto. *Venezia*, per *Fr. Placentini*, 737, in-4, vél.

450. Causes amusantes et connues. *Berlin*, 770, in-12, 2 vol., v. m.

451. Plaidoyez de Claude Expilly, avocat-général au parlement de Grenoble. *Paris*, *A. L'Angelier*, 612, in-4, v. j.

452. Plaidoyers et mémoires de Loyseau de Moléon. In-4, 2 vol., br.,—Recueil des arrêts de Lamoignon, avec son portrait. 777, in-4, v.

453. Histoire de la guerre avec des réflexions sur l'origine et les progrès de cet art, par Heneton de Morange de Petrin. *Paris, Le Mercier*, 741, in-12, br.

SCIENCES HISTORIQUES.

1. GÉOGRAPHIE.—HISTOIRE ANCIENNE ET HISTOIRE MODERNE GÉNÉRALE.

454. Cl. Ptolemæi geographicæ enarrationis libri VIII. *Lugduni*, 535, in-fol., fig. et encadr., v. br. (*Sans titre.*)

455. Orbis terrarum antiquus, cum thesauro topographico , continente indices tabularum geographicarum topographicos eosdemque criticos, auctore Ch. Reichardo. *Norimbergæ*, 824, in-fol., br.

456. Varia geographica. Joa. Frid. Gronovii dissertatio de Gothorum sede originaria eorumdemque in Imperium Romanum irruptionibus. Libellus provinciarum romanarum et civitatum provinciarum gallicarum, cum notis Andr. Schotti et Laur. Theod. Gronovii; ejusdem animadversiones in Vibium Sequestrem. Joa Casp. Hagenbuchii exercitatio geographico-critica qua Ostiones nec Germaniæ, nec Britanniæ populum, sed Galliæ Celticæ Osismos esse conjicitur; accedunt animadversiones in Strabonis geographicon libros novem. *Lugd.-Bot., Corn. Hauk*, 739, in-8, vél.

457. Géographie ancienne et historique, d'après d'Anville. *Paris*, 807, in-8, 2 vol., dem.-rel.

458 Recherches sur la géographie ancienne et sur celle du moyen-âge, par Walckenaer. *Paris*, 822-823, in-4, 2 part., br.

459. Dictionnaire universel des géographies physiques, historiques et politiques, par Masselin. *Paris*, 807, in-8, 2 vol., dem.-rel.

460. Cours des principaux fleuves et rivières de l'Europe, composé et imprimé par Louis XV. roi de France, en 1718. Pet. in-4, portr., br.

Tiré à petit nombre.

461. Histoire générale des voyages (par l'abbé Prévost). *Paris*, 748, in-4, fig., tom. 1 à 19, v. m.

462. Abrégé de l'histoire des voyages, de Laharpe. *Paris*, 780, in-8, fig., 23 vol., bas.

463. Les Voyages fameux de Vincent Leblanc, aux Indes, en Afrique, etc., in-4, fig., 3 part. en 1 vol., v. br.

> L'on a joint à cet exemplaire un très-vieux plan colorié de Constantinople.

464. Jac. Tollii epistolæ itinerariæ, ex recensione et cum notis H. Chr. Henninii. *Amst.*, 700, in-4, dem. mar. bl., tr. dor.

465. Description des antiquités égyptiennes, grecques, etc., composant la collection de feu M. J. F. Mimaut. *Paris*, 837, in-8, br.

466. Le cabinet de la bibliothèque de Ste. Geneviève, par le P. Claude du Molinet. *Paris*, 692, in-fol., fig., v. br.

467. Raccolta di vario antichita e lucerne antiche intagliate la maggior parte da Pietro Santi Bartoli. *Roma*, s. a., in-fol., dem. rel., 80 planches.

468. J. Fr. Gronovii de Sestertiis seu subsecivorum pecuniæ veteris græcæ et romanæ lib. IV. *Lugd.-Batav.*, 691, in-4, vél.

469. La science des médailles (par le P. Jobert), avec des remarques hist. et critiques (par Bimart de la Bastie). *Paris*, 739, in-12, fig., 2 vol., v. br.

470. Choix de médailles antiques d'Olbiopolis ou Olbia. *Paris*, 822, in-8, br., 20 planches.

471. Coup-d'œil sur les médailles de plomb, par MM. Leber et Rigollot. *Paris*, 833, gr. in-8, pap. vél., fig., br.

471 *bis*. Recherches sur l'époque de l'équitation et de l'usage des chars équestres chez les anciens, par le P. Fabricy. *Marseille*, J. Mossy, 764, in-8, 2 tom. en 1 vol., dem.-rel.

472. Jo. Potteri archæologia græca, sive veter. græcorum, præcipue vero atheniensium, ritus civiles, religiosi, etc., explicati. *Lugd.-Bat.*, 702, in-fol., gr. pap., bas.

473. L'art de vérifier les dates, par les Bénédictins. 770, in-fol., v. éc., fil.

474. Spanhemii opera, quatenus complectuntur geographiam, chronologiam et historiam sacram et ecclesiasticam. *Lugd.-Bat.*, 701, in-fol., 3 vol., vél.

475. Abrégé chron. de l'hist. sacrée et profane, depuis Adam

jusqu'à Louis XIV, avec les éclipses, les cycles, les pâques, etc., par le P. Labbe. *Paris*, 666, in-12, 5 vol., v. br.

476. La mer des hystoires (trad. du lat. de Jean de Columna). *Imprimé à Lyon par Jehan du Pré, l'an 1491*, in fol., 2 tom. en 1 vol., fig. sur bois, rel.

477. Justinus, cum notis variorum. *Amst., Elsev.*, 669, in-8, dem.-rel.

478. Idem. *Lugd.-Bat., ex offic. Elsev.*, 640, pet. in-12, cuir de Russie.

479. La cyropédie ou histoire de Cyrus, trad. du grec de Xénophon, par Dacier. *Paris*, 777, in-12, 2 vol., v. br. — L'expédition de Cyrus dans l'Asie supérieure et la retraite des dix mille, trad. par Larcher. *Paris*, 778, in-12, 2 vol., v. rac.

480. Q. Curtii historiarum libri, *Lugd.-Bat., ex offic. Elsev.*, 636, pet. in-12, mar. rou., fil., tr. dor.

481. Q. Curtius. *Paris., Barbou*, 757, in-12, v. m., fil.

482. Histoire grecque de Thucydide, accompagnée de la version latine, d'observations, etc., avec la trad. franç., par Gail. *Paris*, 807-08, in-4, fig. avant la lettre, 4 vol., v. ant.

483. L'histoire de Thucydide, trad. par Perrot d'Ablancourt. *Paris*, 662, in-fol., parch.

484. Dissertation sur une ancienne inscription grecque relative aux finances des Athéniens, par Barthelemy. *Paris*, 792, in-4, dem.-rel.

485. Essai hist. sur les monnaies d'argent de la ligne achéenne, par Cousinéry. *Paris, Renouard*, 825, in-4, fig., br.

486. Les antiquités romaines de Denis d'Halicarnasse, trad. du grec, par le P. Le Jay. *Paris, Dupuis*, 722, in-4, 2 vol., mar. rou., tr. dor. (*Aux armes du duc d'Orléans.*)

487. Les antiquités romaines, trad. de l'angl. d'Adam. *Paris, Verdière*, 818, in-8, 2 vol., dem.-rel.

488. Recherches sur le luxe des Romains dans leur ameublement, par G. Peignot. *Dijon, Lagier*, 831, in-8, br.

489. Histoire romaine éclaircie par les médailles, par J. L. Schulz. *Paris, Moutard*, 783, in-8, fig., v. m.

490. Eutropius. *Paris., Barbou*, 754, in-12, v. f., fil., tr. dor.

491. C. Sallustius. *Paris., Barbou*, 801, in-12, v. m., fil., tr. dor. — Vie de Julius Agricola, lat. et franç. *Paris*, 805, in-18, bas.

492. La conjuracion de Catilina y la guerra de Jugurta, por C. Salustio (traducidas por el señor infant D. Gabriel). *Madrid, Joac. Ibarra,* 712, in-fol., pap. uniforme de couleur, mar. citr., tr. dor.

493. C. Julius Cæsar, ex emend. Jos. Scaligeri. *Amst., ex off. Elsev.,* 675, pet. in-12, mar. bl., fil., tr. dor.

494. J. Cæsaris commentarii, curavit N. Morus. *Lipsiæ,* 780, in-8, br. en cart.

495. Les Césars de l'empereur Julien, trad. par Spanheim, avec des remarques, enrichies de plus de 300 médailles. *Amst.,* 728, in-4, fig. de B. Picard, v. f.

496. C. Suetonius. *Amst., Lud. Elsev.,* 650, in-12, mar. bl., fil., tr. dor.

497. Histoire de Constantinople, trad. sur les originaux grecs, par Cousin. *Suivant la copie impr. à Paris (Holl.),* 685, in-12, fig., 8 vol., v. br.

498. Geo. Pachymeris historia, nunc primum edita à Pet. Possino. *Romæ,* 640, in-fol., parch.

499. Gesta dei per Francos sive orientalium expeditionum et regni Francorum hierosolymitani historia. *Hanoviæ,* 611, in-fol., vél.

500. De bello sacro libri VI. *Basileæ,* 560, in-4, vél.

501. Recherches sur l'origine et les divers établissements des Scythes ou Goths, par Pinkerton. *Paris,* 804, in-8, carte, cart.

502. Histoire générale des Goths, trad. du lat. de Jornandès (par Drouet de Maupertuis). *Paris,* 703, in-12, v. br.

503. Histoire de la guerre des Goths en Italie, par l'Arétin (trad. par L. de Mauger). *Paris,* 667, in-12, v. br.

504. De monarchia ac triplici imperio, videlicet, Romano, Gallico et Germanico campus imperatorum gesta continens (auctore Symph. Campiero). *Lugduni, Treschel,* 537, pet. in-4, vel.

505. Frid. Achillis ducis Wurtembergiæ consultatio de principatu inter provincias Europæ, operâ et studio Th. Lansii. *Amst.,* 636, pet. in-8, parch.

506. Traité succinct des Etats et intérêts des souverains de l'Europe. In-fol., v. br., tr. dor. (*Armoiries.*)

Manuscrit d'une belle écriture.

507. Tableau de la guerre de la pragmatique-sanction en Allemagne et en Italie, avec une relation du prince Ch.

Edouard en Ecosse. *Berne*, 784, in-8. 2 vol., mar. rouge, fil., tr. dor. *(Aux armes du duc d'Orléans.)*

508. Du congrès de Vienne, par de Pradt. 815, in-8, 2 tom. en 1 vol., dem.-rel.—Actes du congrès de Vienne. *I. R.*, 816, in-1. br.

509. Commentaire sur les enseignes de guerre des principales nations du monde et principalement sur celles des Français, par Cl. Beneton. *Paris*, 742, in-12, v. m.

510. Jac. Aug. Thuani historiarum sui temporis libri. *Lutetiæ*, 609, in-12, 11 tom. en 10 vol., v. br.

511. Les chroniques de Jean Carion, avec les faicts et gestes du roy François jusques au règne de Henri II, trad. en franç par J. le Blond. *Paris*, *Magdaleine Boursette*, 535, in-16, v. f.

2. HISTOIRE DE FRANCE.

512. Bibliothèque historique de la France, par le P. Lelong. 719, in-fol, gr. pap., v. m.

513. Histoire monumentale du nord des Gaules, par Lambiez. *Mons*, s. d., in-8, fig., br. *(Tome 1er, seul publié.)*

514. Traité historique des monnoyes de France, par Leblanc, avec la dissertation. *Amst.*, 692, in-4, fig., v. br.

515. Recherches curieuses des monnoyes de France, par Cl. Boutcroue. *Paris*, *Seb.-Cramoisy*, 666, in-fol., cuir de Russie, fil.

Bel exemplaire.

516. Description complète et raisonnée des monnaies de la 2e race royale de France, par Fougères et Combrouse. *Paris*, 837, in-4, 3 parties, fig. et cartes, br.

Tirée à 100 exempl.

517. Dictionnaire universel de la France, par Rob. de Hesseln. 771, pet. in-8, 6 vol., v.

518. Les voyages de plusieurs endroits de France : et encore de la terre Saincte, d'Espaigne, d'Italie et autres pays (par Ch. Estienne). *Paris, Ch. Estienne*, 552, pet. in-8, v. m.

519. La historia di tutte le citta, ville, fiumi, fonti et santi luoghi di Gallia (per G. Corrozet, Symph. et Cl. Champier) tradotta dalla lingua francese. *Vinegia, per M. Tramezzino*, 558, pet. in-8, vél.

(43)

520. Itinéraire complet de la France ou tableau général de toutes les routes et chemins de traverse de ce royaume, orné d'une carte géogr., par M. L. D. M. *Paris, Louette,* 788, in-8, 2 vol., v. rac.

521. Histoire de France, par Velly, Villaret et Garnier, avec l'avant Clovis et les tables. *Paris,* 767, in-12, 35 vol., v. m.

522. Summa historiæ gallo-francicæ civilis et sacræ, edita a J. M. Lorenz. *Argentorati, Treuttel,* 790, in-8, 4 vol., br.

523. Histoire des Gaules et conquêtes des Gaulois en Italie, Grèce et Asie, par Antoine de Lestang. *Bourdeaux, Millanges,* 618, in-4, vél.

524. Mémoire sur les anciens druides gaulois, par l'abbé Baudeau. 777. = Discours sur l'origine et les révolutions des langues celtique et française. *Paris,* 781. = Dissertation sur Perse, par Selis. *Paris,* 183, in-8, dem. v.

525. Origine des Français, avec la concordance de nos historiens sur ce sujet, par Poncelin. *Paris,* 781, in-8, v. m.

526. Gregorii Turonensis historia Francorum. *Parisiis,* 610. = Joannis monachi majoris, historiæ Gauffredi ducis Normanorum lib. II, hactenus non editi. *Parisiis,* 610, in-8, vél.

527. Histoire généalogique et chronologique de la maison royale de France et des grands officiers de la couronne, par le P. Anselme (et Dufourny). *Paris,* 712, in-fol., 2 vol., v. br.

528. La monarchie sainte, historique, chronologique et généalogique de France, ou les vies des saints et bien-heureux qui sont sortis de la tige royale de France, composées en latin par le P. Dominique de Jésus, carme déchaussé, trad. et enrichies par le P. Modeste de St-Amable. *Clermont,* 670-77, in-fol., 2 vol., v. br.

> Avec un frontispice gravé par Ficart, représentant Louis XIV à genoux devant la Vierge.

529. Annales breves regum meroveorum a francici regni primordiis ad A. C. 752, auctor Joh. Phil. Hæckel. *Argent.,* 1773, in-4, br. de 48 pages.

530. Dissertations sur plusieurs points de l'hist. des enfants de Clovis et sur quelques usages des Francs, par Lebeuf. *Paris,* 742, in-12, dem. v.

531. Capitularia regum Francorum, coll. Baluzius. *Parisiis,* 687, in-fol., 2 vol., v. br.

R.

532. Déclin de la maison de Charlemagne, par Cl. Fauchet. *Paris*, 602, in-8, v. br.

533. Mémoire sur l'élévation de Hugues Capet à la royauté. In-fol.

   Manuscrit.

534. Histoire de St Louis et de son règne, sa vie et ses miracles, par Joinville. *Paris*, 761, in-fol., dem.-rel., dos de v.

535. Histoire des démêlez du pape Boniface VIII avec Philippe-le-Bel, par Baillet. *Paris, Barrois*, 718, in-12, v. br.

536. Histoire et chronique de messire Jehan Froissart, revue et corrigée par D. Sauvage. *Lyon, Jan de Tournes*, 559, in-fol., 4 parties en 2 vol., bas. m.

537. Recueil diligent et profitable auquel sont contenues les choses plus notables à remarquer de toute l'histoire de Jean Froissart, par Fr. de Belle-Forest. *Paris, J. Hulpeau*, 572, in-16, mar. vert, fil., tr. dor.

538. Chronique d'Enguerrand de Monstrelet. *Paris, Marc Orry*, 603, in-fol., 3 tom. en 1 vol., bas. m.

539. Mémoire de messire Philippe de Commines. *Leyde, les Elzeviers*, 648, pet. in-12, vél.

540. Vie et histoire du cardinal La Balue. In-fol. (*Ms. de 31 feuillets.*)

541. La réforme en 1560, ou le tumulte d'Amboise. 829, in-8, br.

542. Du massacre de la St-Barthélemy et de l'influence des étrangers en France. *Paris*, an 1er, in-8, bas.

543. Mémoire historique et critique sur les principales circonstances de la vie de Roger de St-Lary de Belle-Garde, maréchal de France, par Secousse. *Paris*, 764, in-12, v. m.

544. De la démocratie des prédicateurs de la ligue, par Ch. Labitte. *Paris*, 841, in-8, br.

545. Aventures du baron de Foeneste, par Agrippa d'Aubigné. *Amst.*, 731, in-12, 2 vol., v. m.

546. La plante humaine sur le trépas du roi Henry le Grand, par L. d'Orléans. *Lyon*, 622, pet. in-8, v. m.

547. Lettres du cardinal d'Ossat, au roi Henri le Grand. *Paris, Bouillerot*, 624, in-fol., v. m., fil.

548. Eloges et discours sur la triomphante reception du roi en sa ville de Paris après la réduction de La Rochelle. *Paris*, 629, in-fol, fig. d'Abraham Bosse, mar. vert., tr. dor. (*Aux armes de la ville.*)

549. Histoire de la monarchie française (1643-1648), par de Riencourt. *Paris, Barbin*, 688, in-12, 2 vol., mar. rou., fil., tr. dor.

550. Histoire des Camisards (par Cavelier). *Londres*, 744, in-12, 2 vol., bas.

551. Histoire du fanatisme de notre temps, par de Brueys. *Utrecht*, 737, in-12, 3 vol. v. gr., fil.

552. Mémoires de Louis XIV, publ. par Gain Montagnac. *Paris*, 806, in-8, br.

553. Histoire de Louis de Bourbon, prince de Condé, par Desormeaux. *Paris*, 766, in-12, fig. et cartes, pap. de Holl., 4 vol., v. éc., fil., tr. dor.

554. Histoire du maréchal de Guébriant, par Le Laboureur. 657, in fol., v. br.

555. Eloges de Catinat, de l'Hôpital, etc., par Guibert. 806. in-8, dem.-rel.

556. *Le détail de la France, sous le règne présent.* (Par Pierre Pesant de Bois-Guillebert.) *S. l.*, 707, in-12, 2 parties en 1 vol., v. gr.

557. Le grand théâtre de la folie ou recueil de caricatures et d'estampes satiriques sur le système de Law et ses suites, avec texte holl. (*Hollande*, 720), in-fol , 75 fig., v. à comp.

558 Etat des originaux de traités, conventions, ratifications et pleins pouvoirs remis par M. le marquis de Torcy au dépôt des affaires étrangères. In-fol.

Manuscrit.

559. Lettre du canton de Fribourg à M. le marquis de Torcy, le 4 juillet 1715. (*En allemand avec la traduction.*)

Cette pièce est de la main et avec la signature de l'avoyer de Fribourg; le sceau de la ville y est apposé.

560. Mémoire pour M. Mandat (par le comte de Luc, ambassadeur à Vienne, 11 septembre 1715). In-fol. (*Manuscrit de 5 feuillets.*)

Dans ce mémoire signé par lui, le comte du Luc charge M. Mandat de différentes affaires auprès de M. de Torcy; il y est question du comte de Bonneval et du relieur Boyer.

561. Mémoires du maréchal de Tourville. 758, in-12, 3 vol., v. m. — Mémoires du comte de Forbin. 744, in-12., 2 vol., v. j.

562. Vie privée de Louis XV. *Londres*, 788, in-12, 4 vol., br.

563. Etat et menu général de la maison du roi, année 1740. In-4, rel.

    Beau manuscrit très-soigné.

564. 200 pièces manuscrites (sur le règne de Louis XV) en vers et en prose, dont les Philippiques, chansons nouvelles et gaillardes, — le Chrétien désabusé du monde, — Lettre de la Deseine à l'académie française, etc., une Liasse.

565. Recueil de pièces sur l'état des protestants en France. *Londres, Dodsley,* 781, in-8, mar. vert, fil., tr. dor.

566. Almanach royal et national pour 1789, 1791, 1793, et l'an vi (1797), in-8, 4 vol., rel.

567. Le spectateur français pendant le gouvernement révolutionnaire. An iii. in-8, bas., fil.—Extrait d'un dictionnaire inutile. *A* 500 *lieues de l'assemblée nationale,* 790, in-8, cart.

568. Correspondance de Ph. Jos. d'Orléans, publ. par L. C. R. *Paris,* 800, in-8, br.

569. Liste générale et très-exacte des noms, âges, qualités et demeures de tous les conspirateurs qui ont été condamnés à mort par le tribunal révol. établi à Paris. 1792, in-8, dem.-rel.

    11 numéros; complet.

570. Supplément aux crimes des anciens comités de gouvernement et tableau de la conduite politique d'un représentant du peuple, mis hors la loi, par J. A. Dulaure. *Paris,* an iii (1795), in-8, br.

    Rare.

571. Discours et opinions de Mirabeau, précédés d'une notice historique sur sa vie, par Barthe. *Paris,* 820, in-8, 3 vol., br.

572. Annales françaises, par G. M. Sallier. 813, in-8, br.

573. Du baron Fain : Manuscrits de l'an iii, de 1812, 13 et 14. *Paris, Baudouin,* 824, in-8, 6 vol., dem.-rel.

574. La France législative, ministérielle, judiciaire et administrative, par V. (Viton de S. Allais). *Paris,* 813, in-18, 4 vol., bas.

574 *bis.* Annales de la session de 1817 à 1818, par Benj. Constant. *Paris,* 817, et autres brochures politiques recueillies en 3 vol. in-8, cart.

575. Moniteur, ann. 1831 à 1837 incl. En feuilles.

    Les ann. 1832-33 et 34 sont seules complettes.

576. Recherches de la France, d'Estienne Pasquier. *Orléans*, 665, in-fol., v. br.

577. Histoire des révolutions de France, où l'on voit comment cette monarchie s'est formée, et les divers changemens qui y sont arrivez par rapport à son étendue et à son gouvernement, par de la Hode. *La Haye*, 738, in-4, v. f.

578. Discours sur les ouvertures des parlements. *Paris, G. Des Rues*, 608, in-4, vél.

579. Essai sur la dernière révolution de l'ordre civil en France. *Londres*, 780, in-8, 3 vol., v. éc., fil.

580. Traité des offices, par Guyot. *Paris*, 786-87. in-4, 3 vol., v. m.

581. Le conseiller d'état. 663, in-4, v. f., fil.

582. Recueil d'édits, arrêts, etc., sur le droit du serment des offices du Marc d'Or. 729. — L'état véritable des trésoriers de France. 779. — Recueil des édits et règlements concernant les parties casuelles, dep. 1467. In-4, 3 vol. et broch.

583. Recueil d'édits concernant les priviléges de la chambre des comptes. 728.═Dissertations historiques sur la chambre des comptes. 765. ═ Mémoires des officiers de la chambre des comptes, avec les arrêts et édits, etc. ═ Mémoire sur la juridiction, et recueil d'ordonnances, édits, règlemens, etc. pour la chambre des comptes. In-4, 5 vol., v. gr.

584. Mémoire sur les conflits élevés contre la chambre des comptes. 780. — Mémoire pour la cour des aides sur le précédent. 782. — Réponse au précédent. 784. ═ Extraits et observations de la chambre des comptes. In-4, 5 vol. et 5 broch.

585. Particularités et observations sur les ministres des finances de France (par de Montyon). 812, in-8, dem.-rel.

586. Traité de l'origine de la Régale, par Gasp. Andoul (avec le portrait de Louis XIV, par Rigault). 708, in-4, v. j.

587. Pouillé royal contenant les bénéfices appartenant à la nomination ou collation du roi. *Paris*, 648, in-4, dem. v.

588. Pouillé général de l'archevêché de Paris et des diocèses de Chartres, Orléans et Meaux. *Paris*, 648, in-4, v. br.

589. L'origine et les antiquités de Paris, par Poirier dit le Boiteux. *S. l. n. d.*, in-18, br.

590. Le vieux Paris, reproduction des monumens qui n'existent plus dans la capitale, d'après les dessins de Pernot, lithographiée par Nonveaux et Asselineau, avec un texte explicatif. *Paris*, 838-39, in-fol. (80 fig.), br.

591. Remarques historiques et critiques sur les abbayes, collégiales, paroisses et chapelles supprimées dans la ville de Paris (par Jacquemart). *Paris*, 792. = Remarques historiques sur les trente-trois paroisses de Paris, d'après la nouvelle souscription (par le même). *Paris*, 791, in-8, v. m.

591 bis. Description des catacombes de Paris, précédée d'un précis historique sur les catacombes de tous les peuples de l'ancien et du nouveau continent, par Héricart de Thury. *Paris*, 815, in-8, fig., dem.-rel.

592. Histoire de l'université de Paris, par Crévier. *Paris*, 761, in-12, 7 vol., v. m.

> Exemplaire couvert de notes, corrections et augmentations autographes de Crévier.

593. Paris múnicipe, ou tableau de l'administration de la ville de Paris, depuis les temps les plus reculés, par Al. de La Borde. *Paris*, 833, in-8, br.

594. Dissertation sur l'état de l'industrie de Paris au XII° siècle, par Depping. *(Paris, Crapelet)*, 837, in-4, br.

595. Mémoires concernans le contrôle des rentes... de l'Hôtel-de-Ville de Paris. *Paris*, 717, in-12, v. f.

596. Tableau de l'humanité et de la bienfaisance, ou précis historique des charités qui se font dans Paris (par Alletz). *Paris*, 769, pet. in-12, br.

597. Lettres-patentes du roi, règlemens d'administration. sentences de police, etc., concernant le Mont de Piété de Paris. *Paris, V° Thiboust*, 787, in-8, cart.

598. Recueil d'édits, arrêts du conseil du roi, lettres-patentes, mémoires, arrêts de parlement, etc., en faveur des musiciens du royaume (et particulièrement de Paris). *Imp. de Ballard*, 774, in-8, dem.-rel. *(Rare.)*

599. Statuts et privilèges du corps des marchands orfèvres-joailliers de la ville de Paris, rec. par P. Le Roy. *Paris*, 759, in-4, v. m.

600. Extraits des principaux articles des statuts des maîtres horlogers de Paris des années 1544, 1583, 1646, 1707 et 1710, recueillis par Cl. Raillard. *Paris*, 752, in-4.

601. Articles, statuts, ordonnances et règlemens des gardes-jurés anciens bacheliers et maîtres de la communauté des chapeliers de la ville de Paris, tirés des statuts accordés par Henri III. *Paris*, 751, pet. in-12, v. m.

602. Statuts, arrêts, sentences et règlemens pour la commu-

nauté des maîtres marchands peigniers-tabletiers, faiseurs de bois d'éventails, tailleurs d'images d'ivoire, etc. *Paris*, 761, in-8, br.

603. Statuts, ordonnance et règlemens de la communauté des maîtres tourneurs de la ville de Paris. *Paris*, 773, in-12, v. f., tr. dor.

604. Recueil des statuts, arrêts et sentences, servant de règlement à la communauté des maîtres chandeliers et des maîtres huiliers de la ville de Paris. *Paris*, 774, in-12, fig., v. f.., fil., tr. dor.

604 *bis*. Statuts et réglemens des maîtres paulmiers et raquetiers de la ville de Paris. 764, in-4, br., rog.

605. Plans et profils des principales villes de la province de l'Isle de France (par Tassin). In-4 obl., 18 pl.

606. Résumé de l'histoire de l'Ile de France, de l'Orléanais et du pays Chartrain. In-18, br. — 11 pièces in-8, br., dont : Réédification du monument de Jeanne d'Arc, etc.

607. Coutumes du duché de Chartres, pays Chartrain, Perche, etc., avec notes de Ch. Dumoulin. 604, in-4, parch.

> Ce volume est curieux par la grande quantité d'observations et de notes manuscrites de MM. Garnier, l'un maire de........ l'autre conseiller au présidial de Chartres dont les signatures sont à plusieurs pages.

608. Histoire de Chartres, du pays Chartrain et de la Beauce, par Doyen. 786, in-8, 2 vol., br. — Notice sur St-Piat, par Hérisson. 816, broch. in-8.

609. 30 pièces in-4 et in-8, br., relatives au département d'Eure-et Loire en 1789, et à la ville de Chartres.

610. Histoire de Vendôme, par Simon. *Vendôme*, 834, in-8, pap. vél., 3 vol., br.

611. Sensuyt la manière de l'ordonnance du droit de péage de la ville de Chateaudun, du 17 sept. 1533. 16 pages, gr. in-4.

> Manuscrit sur parchemin.

612. Histoire de la ville d'Orléans, de ses édifices, établissemens, etc., par Vergnaud-Romagnési. *Orléans*, 830, in-12, 2 vol, fig. et cartes, br.

613. Recherches sur la ville d'Orléans, par Lottin. *Orléans*, 838-42, in-8, fig., 7 vol., br.

> Exemplaire complet.

614. Jeanne d'Arc, recueil historique et complet, publié par

Chaussard. *Orléans*, 806, in-8, fig., 2 parties en 1 vol., cart.

> Rare.

615. Pouillé général de l'archevêché de Tours et des diocèses d'Angers, Dole, Kimper-Corentin, Mans, Nantes, Rennes, St-Brieuc, St-Malo, St-Pol-de-Léon, Treguier, Vannes. *Paris*, 648, in-4, parch.

616. Testament de maître Jehan Gervaise de Tours, avec le compte des exécuteurs. In-fol. *(66 feuillets.)*.

> Manuscrit sur parchemin, daté de 1384. A la suite du testament se trouve un long et curieux inventaire des biens du riche chanoine, consistant en biens de ville et de campagne, en espèces d'or et d'argent, en riches vêtements, ornements d'église, meubles, bijoux, argenterie, etc., bibliothèque composée de 32 vol. où l'on remarque le roman de la Rose à côté des bréviaires et de la légende des Saints.

617. Description de la carte cénomanique contenant les villes, forêts, rivières, paroisses, chapelles, situées au diocèse et comté du Maine. *Au Mans*, 673, in-16, dem.-rel.

618. Portraits des hommes illustres de la province du Maine (par Cl. Blondeau). *Au Mans*, 666, in-4, vél.

619. Les vies des évêques du Mans, par Dom J. Bondonnet. *Paris*, 651, in-4, dem.-rel.

620. Statuts et règlemens de la communauté des marchands drapiers, merciers unis, de la ville du Mans. *Au Mans*, 768, in-4, bas.

621. Histoire de Sablé, par G. Ménage. 683, in-fol., cart., non rog.

622. De l'estat et succès des affaires de France, ensemble une sommaire histoire des comtes et ducs d'Anjou, par du Hailland. *Paris*, 572, in-4, vél., tr. dor.

623. Traité historique de la mouvance de Bretagne. 710, in-12, v. br.

624. Recueil de pièces imprimées et manuscrites, sur le procès de la Chalotais et sur les troubles de la Bretagne. 768, in-12, 3 gros vol., v. m.

625. Le combat de trente Bretons contre trente Anglois, publié d'après le manuscrit de la bibliothèque du roi. *Paris*, *Crapelet*, 827, gr. in-8, br.

626. Plans et profils des principales villes de la Normandie (par Tassin). In-4 obl., 27 pl.

627. Mathilde, voyage en Normandie au XII° siècle, par un Normand. *Rouen*, *Frère*, 825, in-12, br.

627 *bis*. Pouillé de l'archevêché de Rouen et des diocèses d'A-

vranches, Bayeux, Coutances, Evreux, Lisieux, Sccz. *Paris*, 648, in-4, dem. v.

28. Les chroniques de Normandie, publiées d'après deux mss. de la bib. du roi, à Paris, par Francisque Michel. *Rouen, par Nic. Périaux, pour Ed. Frère*, 839, pet. in-4, pap. de Holl., miniature, Brad.

29. Histoire de Normandie, sous le règne de Guillaume-le-Conquérant et de ses successeurs, par G. B. Depping. *Rouen, Ed. Frère*, 835, in-8, 2 vol., br.

630. Chroniques anglo - normandes, recueil d'extraits et d'écrits relatifs à l'histoire de Normandie et d'Angleterre, pendant les XI° et XII° siècles, publ. par Franç. Michel. *Rouen, Ed. Frère*, 836-40, in-8, 3 vol., br.

631. Diaire ou journal du voyage du chancelier Séguier en Normandie après la sédition des nu-pieds (1639-40) et documents relatifs à ce voyage.... par A. Floquet. *Rouen, Ed. Frère*, 842, in-8, gr. pap. de Holl., br.

632. Le même. Pap. ord., br.

633. Essai historique sur l'échiquier de Normandie, par A. Floquet. *Rouen, Ed. Frère*, 840, in-8, br.

634. Histoire de Rouen, suivie d'un essai sur la Normandie littéraire (par Servin). *Rouen*, 775, in-12, 2 vol., br.

635. Rouen, précis de son histoire, son commerce, son industrie, etc., par Th. Licquet, 2° édit. *Rouen, Ed. Frère*, 831, in-8, tiré in-4, fig., br.

636. Chartes, ordonnances et lettres-patentes, contenant les priviléges des ajusteurs, monnoyeurs et tailleresses du serment de France, dont les originaux sont dans le chartrier des monoyeurs à Rouen. *Rouen*, 761, in-12, mar. r., fil., tr. dor.

637. Statuts et lettres-patentes sur iceux accordés aux Maîtres Balanciers de la ville de Rouen. *Rouen*, 769, in-4, br., rog.

638. Chronique des abbés de Saint-Ouen de Rouen, publ. par Franç. Michel. *Rouen, Ed. Frère*, 840, pet. in-4, pap. gr. rais vergé, br.

638 *bis*. The history of the royal abbey of Bec near Rouen, by D. John Bourget. *London*, 779, in-8, fig., br. en cart.

639. Essai sur les énervés de Jumièges, et sur quelques décorations singulières des églises de cette abbaye; suivi du miracle de sainte Bauteuch, publ. par E. H. Langlois. *Rouen, Ed. Frère*, 838, in-8, fig., br.

640. Contes populaires, préjugés, patois, proverbes, noms

de lieux de l'arrondissement de Bayeux, recueillis par Fréd. Pluquet, 2ᵉ édit. *Rouen, Ed. Frère*, 834, in-8, br.

641. Essai historique et littéraire sur l'abbaye de Fecamp, par Leroux de Lincy. *Rouen, Ed. Frère*, 840, in-8, fig., br.

642. Histoire des comtes d'Eu, par Estancelin. *Dieppe*, 828, in-8, fig., br.

643. Routes de Paris au Havre, à Honfleur, Fecamp et Dieppe, par Vaysse de Villiers. *Rouen, Ed. Frère*, 840, in-8, br.

644. Mémoires sur la ville de Dourdan, par J. Delescornay. *Paris*, 624, pet. in-8, vél.

645. Plans et profils des principales villes de la province de Brie. In-4 obl., 16 pl.

646. Notice historique sur Compiègne et Pierfond. *Compiègne*, 836, in-8, fig., br.

647. Les huit barons ou fieffez de l'abbaye royale Saint Corneille de Compiègne, par Louis de Gaya. *Noyon*, 686, in-12, br. rog.

648. Etat ecclésiastique et civil du diocèse de Soissons. *Compiègne*, 783, in-8, cartes, dem.-rel.

649. Plans et profils des principales villes de la province de Picardie (par Tassin). In-4 obl., 47 pl.

650. 30 pièces in-4, br. : Mémoires, édits et autres relatifs a quelques villes de Picardie.—Le séjour royal à Compiègne. In-4, parch.—Un almanach de Picardie, etc.

651. Notice sur la ville et les cantons de Beauvais, par du Tremblay. *Beauvais*, 815, in-8, br.—Notice sur la cathédrale de Beauvais, par Gilbert. *Beauvais*, 829, in-8, fig., br.

652. Supplément à l'hist. du Beauvaisis (hist. civile et ecclésiast., nobiliaire, etc.), par Simon. *Paris*, 704, in-12, parch.

653. Coutumes de Chaulny, avec les notes de Vrevin. 641, in-4, v. br.

654. Relation du siège de la ville de Péronne, en 1536, par le P. Ferrier, minime, écrit en 1747, in-12, br.

Manuscrit.

655. Bref état des antiquitez et choses plus mémorables de la ville d'Amiens, avec le catalogue des évêques, par Ad. de La Morlière. *Amiens*, 622, pet. in-8, vél.

656. Antiquités et choses remarquables de la ville d'Amiens, par Ad. de La Morlière. 627, in-4, parch.

657. Histoire littéraire de la ville d'Amiens, par l'abbé Daire. *Paris*, 782, in-4, br.

658. Coutumes d'Amiens, par Dufresne. 662, in-fol., v. br.

659. Lettres (sept) ou dissertations sur le Soissonnais, par l'abbé Le Bœuf et autres.

Recueil de format in-12, extrait du Mercure de France.

660. Histoire de la ville et des seigneurs de Coucy, par D. Toussaint Duplessis. 728, in-4, fig., br.

661. Histoire de la vie de St. Remy, archevêque de Reims, avec notes et dissertations, par le P. Dorigny. *Châlons*, 714, in-12, bas.

662. Pouillé de l'archevêché de Reims, et des diocèses de Châlons, Senlis, Soissons, Noyon, Laon, Beauvais, Amiens, Arras. *Paris*, 648, in-4, parch.

663. Plans et profils des principales villes de la Champagne (par Tassin), In-4 obl., 52 pl.

664. Procès-verbal de la recherche de la noblesse de Champagne, faite par M. de Caumartin, avec les blazons de chaque famille. *Chaalons*, 673, in-8, v. br.

665. Pouillé de l'archevêché de Sens et des diocèses de Troyes, Auxerre et Nevers. *Paris*, 648, in-4, dem. v.

666. Annales ecclésiastiques du diocèse de Chaalons en Champagne, par la succession des évêques (avec deux discours de la vérité du saint nombril adoré en l'église de N. D.), par le P. Rapine. *Paris*, 636, in-8, vél.

667. Plans et profilz des principales villes du duché de Lorraine (par Tassin). In-4 obl., 25 pl.

668. Introduction à la description de la Lorraine et du Barrois (par Doisy). *Nancy*, 774, in-4, br.

669. Mémoire sur la Lorraine et le Barrois, suivi de la table alphabétique et topographique des lieux, par Durival. *Nancy*, 753, in-4, v. m.

670. Mémoire pour prouver que la Lorraine n'est point un fief purement masculin. (11 f.)—Mémoire sur le mariage du duc Charles de Lorraine avec la comtesse de Cantecroix. (6 f.)

Manuscrit.

671. Chapelle ducale de Nancy ou notice hist. sur les ducs de Lorraine et leurs tombeaux, par de Villeneuve-Bargemont. *Nancy*, 826, in-8, br.

(54)

672. Portraits des ducs et duchesses de la maison Royale de Lorraine. *Florence*, 772, gr. in-fol., fig., 2 vol., cart.

673. Essai sur l'hist. du Barrois, par de Maillet. *Paris*, 757 in-12, v. m.

673 *bis*. Hist. de Mulhouse, par Jacob Heinrich Petri. *Mülhouse*, 838, in-8, pl., br. *(En allem.)*

674. Papier terrier de la terre et seigneurie Desclimont et de ses appartenances tant en domaine censif, rentes fiefz que arrières fiefz, fermes muables et non muables, poulles, chapons et autres redevances appartenant a icelle terre, pour noble et puissant seigneur messire Jean de Ponchier, chev. conseiller du roi et général de ses finances, seigneur de Limours, Brethencourt, Esclimont, Prunay, Marolles (e Beauce), faict par nous tabellions soussignés...., le 1er octobre 1531. In-fol.

> Manuscrit du XVIe siècle, sur vélin, avec initiales en or e couleur.

675. Les coustumes anciennes de Lorryz, de Montargis, etc. avec les annotations de Ch. Du Molin. *Bourges, G. Lauverja* 597, pet. in-4, dem.-rel.

676. Coutumes de Loris-Montargis, commentées par L'Hoste avec notes de Dumoulin. 758, in-12, 2 vol., br. — Coutumes de Touraine, avec les notes d'Est. Pallu. 661, in-4, v. br.

677. Histoire de la ville de Sancerre, par Poupard. 777, in 12, br.

678. Dissertation sur la conquête de la Bourgogne par les fils de Clovis. 744. — Autre dissertation servant à plusieurs points de l'histoire des enfans de Clovis. In-12, 2 part. en 1 vol., mar. rou., fil., tr. dor.

679. Histoire des ducs de Bourgogne, par de Fabert. *Cologne* 689, in-12, 2 vol., bas. *(Mouillés.)*

680. J. Chiffletii Vesontio civitas imperialis libera sequanorum metropolis illustrata. *Lugd.*, 618, in-4, 2 part. en vol., vél.

681. Ordonnances, réglements et statuts des arts et métiers d la cité de Besançon. *Besançon*, 689, in-4, v. br.

682. Recherches historiques sur la ville de Dole, par de Persan. *Dole*, 812, in-8, br.

683. Notes topographiques et historiques sur la ville de Dole par Fransquin. *Dole*, 821, in-8, br.

684. Description historique des ci-devant villes, bourgs, mo

(55)

nastères, châteaux et provinces du midi de la France, par
Dulaure. *Paris*, an II, in-18, 6 vol., cartes, br.

685. Pouillé de l'archevêché de Bourges et des diocèses d'Al-
by, de Cahois, Castres, Clérmont, Limoges, Le Puy, Rodez,
St. Flour, Tulles. *Paris*, 648, in-4, dem. v.

686. Recherches sur la population des généralités d'Auvergne,
de Lyon, de Rouen, par Messanu. *Paris*, 766, in-4, v. m.

687. Pouillé de l'archevêché de Lyon et des diocèses d'Autun,
Châlons-sur-Saône, Langres, Macon. *Paris*, 648, in-4,
dem. v.

688. Eloge historique ou histoire abrégée de la ville de Lyon
ancienne et moderne (par Brosselte). *Lyon*, 711, in-4, blasons, v. br.

689. Catalogue des Lyonnais dignes de mémoire, par Bréghot
du Lut et Péricaud. *Lyon*, 839, gr. in-8, br.

690. Catalogue de Messieurs les recteurs nommés pour l'administration du grand Hôtel-Dieu de la ville de Lyon (de
1583 à 1729). (*Lyon*, 729), in-4, bas.

691. Privilèges des foires de Lyon, octroyez par les rois très-
chrétiens aux marchands français et étrangers. *Lyon*, 649,
in-4, v. br.

692. Tableau des prisons de Lyon en 1792 et 1793, par Delandine. *Lyon*, 797, in-8, fig., dem.-rel.—Lyon tel qu'il
était et tel qu'il est, suivi de l'histoire de ses malheurs, par
Guillon. *Paris*, 797, in-12, dem.-rel.

693. Histoire du Dauphiné et des princes qui ont porté le nom
de Dauphins. *Genève*, 722, in-fol., 2 vol., bas.

694. La même. *Genève*, 722, in-fol., 2 tom. en 1 vol., v. m.

695. Mémoires pour servir à l'histoire du Dauphiné, avec plusieurs observations sur les familles (par Valbonnais). *Paris*,
711, in-fol., v. j.

696. Mémoires historiques et critiques sur l'ancienne république d'Arles, par Anibert. *Iverdon*, 779, in-12, 3 vol., v. m.

697. Recherches historiques concernant le droit du Pape sur
la ville d'Avignon. 768, in-8, v. m.

698. Les briefves de Riffard, de 1456 et 1474. In-4, 2 vol.,
vél.

Manuscrit du 15e siècle.
Ces deux volumes sont les minutes de P. Riffard, notaire épiscopal
à Saint-Andeol, diocèse de Viviers, pour les années 1456 et 1474.
Ils contiennent environ 200 actes privés, tels que partages, testaments,
ventes, donations, fondations de chapelles, etc., qui, en raison des
noms de famille qu'on y trouve, pourraient servir à l'histoire du

pays.......... A la fin de chaque volume est une table des actes qu'il renferme ; on y voit que 29 pièces qui remplissaient les 24 premiers feuillets du volume de 1456 ont disparu.

699. Lettres sur les tours antiques qu'on a démolies à Aix en Provence et sur les antiquités qu'elles renfermaient. *Aix*, 787, in-4, fig., br.

700. Histoire des évêques de Nismes, par Ménard. *La Haye*, 737, in-12, 2 vol., v. br.

701. L'antiquité de l'église de Marseille et la succesion de ses évêques, par l'évêque de Marseille (de Belzunce). *Marseille*, 747-51, in-4, 3 vol., v. m., fil.
   Rare.

702. Sommaire des réglements faits par le bureau de police de la ville de Montpellier, recueillis par Reboul. *Montpellier*, 760, pet. in-8, bas.

703. Plans des côtes du Languedoc (dessinés et coloriés). In-4, dem.-rel.

704. Mémoires pour servir à l'histoire du Languedoc, par de Basville. 734, pet. in-8, v. j.

705. Lettres contenant la relation et la description des travaux qui se font en Languedoc pour la communication des deux mers, par M. de Froidour. *Toulouse*, 672, pet. in-8, cartes et plans, dem.-rel.

706. Histoire critique de la Gaule narbonnoise, avec des dissertations. 733, in-12, v. éc.

707. Histoire tolosaine, par Antoine Noguier. *Tolose*, G. Boudeville, 559, pet. in-fol., v. br.

708. Histoire de la délivrance de Toulouse, arrivée le 17 mai 1562, où l'on verra la conjuration des Huguenots contre les catholiques. *Amst.*, 765, in-8, cart.

709. La coutume de Barège conférée avec les usages ou coutume non écrite du pays du Lavedan, de la ville de Lourde, de la baronnie des Angles, etc., par G. Noguès. *Toulouse, Desclassan, s. d.*, in-8, v. gr., fil., tr. dor.

710. Explication des coutumes de la vallée de Barège, des six vallées du Lavedan, de la ville de Lourde, etc., par G. Noguès. *Toulouse, Desclassan*, 789, in-8, br.

711. Pouillé de l'archevêché de Bordeaux et des diocèses d'Agen, Condom, Angoulesme, Luzon, Maillezais, Périgueux, Poitiers, Saintes et Sarlat. *Paris*, 648, in-4, v. br.

712. Coutumes de la Rochelle, par Valin, 756, in-4, 3 vol., v. m.

713. Droit public ou gouvernement des colonies françaises, par Petit. *Paris*, 771, in-8, 2 vol., v. m.

3. HISTOIRE DE L'ITALIE, DE L'ESPAGNE ET DES PAYS-BAS.

714. Lettre du marquis F...., Piedmontois, au sujet de l'abdication de Victor Amédée II. 732, pet. in-4.

    Manuscrit.

715. Itinéraire d'Italie. *Florence*, 804, in-12, cartes, v. m.— Description historique de l'Italie, en forme de dictionnaire, par de L. *La Haye*, 776, in-12, 2 vol., v. br. — Itinéraire de Rome à Naples et à ses environs. *Rome*, 826, in-8, fig., br.

716. Roma Sotterranea, opera postuma di Ant. Bosio, nella quale si tratta de' sacri cimiterii di Roma, accresciuta da Giov. Severani da S. Severino. *Roma*, 650, in-4, fig., vél.

717. Voyage dans les catacombes de Rome (par Artaud). *Paris, Schoell*, 810, in-8, dem.-rel.

718. Nuova raccolta delle principali vedute antiche e moderne dell' alma città di Roma e sue vicinanze incise da Ach. Parboni. *Roma*, 824, in-8 obl., dem.-rel.

719. Recueil de pièces relatives à la cour de Rome.

    La plupart de ces pièces sont de la main du marquis de Torcy.

720. Della historia Vinitiana di P. Bembo, volgarmente scritta lib. XII. *Vinegia*, 552, in-4, vél.

721. Lettere su Firenze. *Milano*, 827, in-18, dem. v.

722. Histoire de la persécution intentée en 1775 aux Francs-Maçons de Naples. *Londres*, 780, in-12, fig., v. dent., tr. dor.

722 *bis*. Traduction des statuts civils de l'île de Corse, par Serval. *Toulon*, 769, in-8, br.

723. Speculum boni principis, sive vita Alphonsis regis Arragoniæ. *Amst., Lud. Elzevir*, 646, pet. in-12, mar. rou., fil., tr. dor.

    Avec une longue note autographe de l'abbé Rive.

724. Libro de la vida y chronica de Gonzalo Hernandez de Cordoba, por Pablo Jovio. *Anvers*, 555, pet in-8, v. br. (*Mouillé.*)

(58)

725. Relacion historica del auto general de Fe que se celebro en Madrid en el ano de 1680 con assistencia del Rey D. Carlos II. *Madrid*, 820, in-4, fig.

Réimpression de l'édition de 1687.

726. Négociation de Madrid au sujet de l'affaire du duc de Créquy à Rome. (56 pag.)—Mémoire sur l'Espagne. (74 p.), et autres pièces manuscrites sur l'Espagne.

727. Notice sur Cadix et sur son ile, par de Férussac. *Paris*, 823, in-8, br — Histoire naturelle et civile de Minorque, par Armstrong. *Amst.*, 769, in-12, v. rac.

728. Relation du siége de Sarragosse et de Tortose par les Français dans la guerre d'Espagne, par le bar. Rogniat. *Paris*, 814, in-4, fig., br.

729. Histoire générale de la Belgique depuis la conquête de César, par Dewez. *Bruxelles*, 805, in-8, 7 vol., bas., fil.

730. Trophées de Brabant (par Butkens). *S. l. n. d.*, in-fol., 2 tom. en 1 vol., v. fil., blasons.

731. Supplément aux trophées tant sacrés que profanes du duché de Brabant de Butkens. *La Haye*, 726, in-fol., fig., 2 vol., dem.-rel., non rog.

732. Histoire générale des Pays-Bas. *Brusselle*, 743, in-12, fig. et cartes, v. br., fil.

733. Dictionnaire géographique et topographique des 13 départements qui composaient les Pays-Bas autrichiens, etc., par Charles Oudiette. *Paris*, 804, in-8, 2 vol., br.

734. Les délices de la Hollande, par de Parival. *Leide*, 660, pet. in-12, parch. — Voyage et état de l'Espagne. *Cologne*, 666, pet. in-12, 2 part. en 1 vol., v. j. — Les partisans démasqués. *A Cologne, chez l'Enclume*, 710, in-12, fig., v. br.

735. Le guide ou nouvelle description d'Amsterdam. *Amst.*, 772, in-8, fig., dem.-rel. — Les délices de la Hollande. *Amst., Abrah. Wolfgang*, 685, in-12, fig., v. f., armoiries.

736. Description de la ville d'Amsterdam, en vers burlesques, par P. le Jolle. *Amst., G. le Curieux, (Elsev.)*, 666, pet. in-12, vél.

737. Généalogie et lauriers des comtes de Nassau. 615, in-fol., cartes, plans et fig., vél.

4. HISTOIRE D'ANGLETERRE, D'ALLEMAGNE ET DES PAYS SEPTENTRIONAUX.

738. Histoire des Anglo-Saxons, par sir Francis Palgrave, trad. par Alex. Licquet. Rouen, Ed Frère, 836, in-8, br.

739. Matthæi Paris historia major, cum continuatione W. Rishangeri, editore W. Watts, qui vocum barbararum glossarium adjecit. Londini, 640, in-fol., 2 vol., dem.-rel.

740. Historia majoris Britanniæ tam Angliæ quam Scotiæ, per Joa. Majorem. Edimburgl, 711, in-4, br.

741. A pratical treatise on the law of elections, relating to England, Scotland and Ireland, by William Thomas Roe, 2th edit. London, 818, in 8, 2 vol., v. f., fil. (Simier.)

742. Narratives of the arrival of Louis de Bruges, seigneur de la Gruthuyse, in England and of his creation as earl of Winchester in 1472, by sir Frederic Madden. London. 835, in-4, br. (Signatures fac simile.)

Extrait from the Archæologia's, vol. XXVI.

743. Histoire de la rébellion et des guerres civiles d'Angleterre, par Edw. Clarendon La Haye, 703, pet. in-8, 5 vol., v. br.

744. Hist. entière et véritable du procès de Charles Stuart, roy d'Angleterre, contenant en forme de journal tout ce qui s'est passé sur ce sujet dans le parlement, et en la haute cour de justice, et la façon en laquelle il a esté mis à mort, trad. de l'angl. Sur l'imprimé à Londres. (Hollande, 1650), pet. in-12, v. br. (Portraits ajoutés.)

745. Huit lettres imprimées en 1639-49, sur la mort du roi d'Angleterre (Charles Ier). In-4.

746. Journal of a tour and residence in Great Britain, during the years 1810 and 1811, by L. Simon. Edinburgh, 817, in-8, 2 vol., cart.

747. A topographical dictionary of London and its environs, by James Elmes. London, 831, in-8, cart.

748. Marq. Freheri rerum germanicarum scriptores aliquot insignes, cum notis Got. Struvii. Argentorati, 717, in-fol., 3 vol., v. j.

749. J. Ad. Loniceri series ordinum ecclesiasticorum Germaniæ. Francof. ad M., 585, pet. in-4, fig., parch.

R.

750. Germania sacra, aut. P. Marco Hansizio. *Aug.-Vindel.*, 727-29, in-fol., 3 vol., vél.

> Le tom. 3 est en dem. rél.; il est fort rare.

751. P. F. Vigilii Greiderer Germania Franciscana seu chronicon geographo historicum ord. S. Francisci in Germania. *OEnipoute*, 777, in-fol., 2 vol., br.

752. Prussia Christiana sive de introductione religionis christianæ in Prussiam per martyres tentata quorum vitas veritati historicæ restituit Aul. Schottus. *Gedani*, 738, in-4, br.

753. La vie de Frédéric baron de Trenck, trad. de l'allem., par de Bock, *Metz*, 788, in-12, 2 vol., br. — Mémoires de François baron de Trenck, cousin de Frédéric, trad. de l'ital., par M. L. C. A. *Paris*, 788, in-12, 2 vol., br.—Lettres et aventures d'Alexandre de Schell (trad. par Mich. Varon). *Paris*, 789, in-12, 2 part. en 1 vol., v. m.

> Schell a été le compagnon de captivité du bar. Fréd. de Trenck.

754. Annales regum Hungariæ ab a. Ch. 997 ad a. 1564, congesti operâ et studio Geo. Pray. *Vindobouæ*, 764, in-fol., 5 tom. en 3 vol., bas.

755. Annales Stan. Orichovii Ockszii, adjunximus vitam Petri Kmitæ. *Dantisci*, G. Forster, 643, pet. in-12, vél.

756. Gothorum Sueonumque historia, aut. Jo. Magno Gotho archiep. Upsal. *S. l. n. a.*, in-4, dem.-rel.

> Avec un grand nombre de figures sur bois.

757. Négociations de M. Arnauld d'Andilly, marquis de Pomponne, en Suède, de 1665 à 1668, suivies d'un discours sur la Suède fait en 1668. In-fol. (*Manuscrit de 533 pag.*)

> Ces mémoires, importants par le nom de leur auteur, n'ont pas été imprimés. Le P. Lelong ne les connaissait pas, et il paraît qu'il n'en existe pas de copie à la bibliothèque du roi.

758. Histoire de l'assassinat de Gustave III, roi de Suède, par un officier polonois, témoin oculaire. *Paris*, 797, in-8, portr., br.

759. Recueil de pièces hist. sur la reine Anne ou Agnès, épouse de Henri Ier roi de France, et fille de Jarosslaf 1er, grand duc de Russie, publ. par le prince Labanoff. *Paris. Didot*, 825, in-8, br.

760. Jo. Schefferi Laponia. *Francofurti*, 673, in-4, fig., v. br.

5. HISTOIRE DE L'ASIE ET DES AUTRES PARTIES DU MONDE.

761. Histoire des Huns, des Turcs, des Mogols et des autres Tartares occidentaux, par de Guignes. *Paris*, 756, in-4, 5 vol., v.

762. Antiquitates asiaticæ christianam æram antecedentes, ex primariis monumentis græcis descriptæ, latinè versæ, notisque et commentariis illustratæ, per Edm. Chishull. *Londini*, 728, in-fol., fig., dem.-rel., non rog.

763. Les navigations, pérégrinations et voyages faicts en la Turquie, par Nic. de Nicolay, dauphinois. *Anvers, Guil. Silvius*, 577, in-4, fig., v. br.

764. Les six voyages de Jean B. Tavernier en Turquie, en Perse et aux Indes. *Rouen*, 724, in-12, fig., 6 vol., v. br. —Voyage du sr Paul Lucas en Turquie, etc. *Rouen*, 719, in-12, fig., 3 vol., v. br.

765. Voyages dans le Levant, par Fréd. Hasselquist, publ. par Ch. Linnæus, trad. de l'allem., par M*** *Paris*, 769, in-12, 2 tom. en 1 vol., v. m.

766. Historia priorum regum Persarum post firmatum in regno Islanismum ex Mohammede Mirchond persice et latine, cum notis geographico-literariis. *Viennæ*, 782, in-4, br.

767. Mœurs, institutions et cérémonies des peuples de l'Inde, par l'abbé J. A. Dubois. *Paris*, 825, in-8, 2 vol., br.

768. Relation des missions et des voyages des évêques et vicaires apostoliques ès années 1672-1675 aux royaumes de Siam, de la Cochinchine et du Tonquin. *Paris, Augot*, 680, in-8, v. br.

769. État actuel du Tunkin, de la Cochinchine et des royaumes de Cambóge, Laos et Lactho, par de la Bissachère. *Paris*, 812, in-8, 2 vol., br.

770. Description du Cap de Bonne-Espérance, par Kolbe. *Amst.*, 743, in-12, fig., 3 vol., v. m.

771. De la colonisation du nord de l'Afrique, nécessité d'une association nationale pour l'exploitation agricole et industrielle de l'Algérie, par Aristide Guilbert. *Paris, Paulin*, 839,

in-8. br. — La question d'Alger, politique, colonisation, commerce, par Desjobert. *Paris*, 837, in-8, br.

772. Mémoires relatifs à l'expédition anglaise partie du Bengale en 1800 pour aller combattre en Egypte l'armée d'Orient, par le comte de Noé. *Paris, J. R.*, 826, in-8, fig. color., br.

773. Histoire naturelle et morale des Indes Occidentales, où il est traité des mœurs, gouvernement et guerres des Iurliens, trad. du castillan de J. Acosta, par Rob. Regnault, cauxois. *Paris, Marc Orry*, 600, in-8, mar. rou., tr. dor.

774. Tyrannies et cruautez des Espagnols, perpetrées ès Indes Occidentales, qu'on dit le Nouveau Monde, décrites par D. Barthélemy de Las Casas, fidèlement trad. par G. de Miggrode. *Paris, Julien*, 582, pet. in-8, vél.

775. Voyages et conquêtes du capitaine Ferdinand Courtois (Cortez), ès Indes Occidentales; hist. trad. de l'espagn. par Guil. le Breton, Nivernois. *Paris, A. L'Angelier*, 588, pet. in-8, v. m., fil.

776. Histoire de l'Amérique Septentrionale, par Bacqueville de la Potherie. *Paris, Nyon*, 722, in-12, fig., 4 vol., v. br.

777. Histoire de la Louisiane, par M. Barbé-Marbois. *Paris*, 829, in-8, dem. v.

778. Nouvelle relation de la Gaspésie, qui contient les mœurs des sauvages gaspesiens porte-croix et d'autres peuples du Canada, par le P. Le Clercq. *Paris*, 691, in-12, v.

779. Dernières découvertes dans l'Amérique Septentrionale de M. de La Salle, par le chev. Tonti. *Paris*, 687, in-12, v. br.

780. Recueil d'estampes représentant les différents événements de la guerre qui a produit l'indépendance des États-Unis de l'Amérique. *Paris, Ponce, graveur*, gr. in-4.

16 planches; bonnes épreuves.

781. Histoire naturelle et morale des Iles Antilles de l'Amérique, avec un vocabulaire caraïbe (par de Rochefort). *Roterd.*, 665, in-4, fig., v.

782. Histoire de St.-Domingue, par Charlevoix. *Paris*, 731, in-4, fig., 2 vol., bas.

783. La même. *Amst.*, 733, in-12, 4 vol., bas.

784. Histoire de la mission des pères capucins en l'isle de Maragnan et terres circonvoisines, où est traicté des singu-

laritez et des mœurs merveilleuses des Indiens, par le P.
Claude d'Abbeville. *Paris, Fr. Huby*, 614, in-8, vél.

785. Historia de la conquista de Mexico, escriviola don Ant.
de Solis. *Brusselas*, 701, in-fol., fig., v. br.

785 *bis*. Essai politique sur le royaume de la Nouvelle-Espagne,
par de Humboldt. *Paris, Schœll*, 811, in-8, 5 vol., br.

786. Historia navigationis in Brasiliam quæ et América di-
citur, auct. G. Lerio, Burgundo. *Excudebat, E. Vignon*, 586,
pet. in-8, fig. sur bois, vél.

787. La chronica del Peru, nueramente escrita por P. de
Cieça de Leon, vezino de Sevilla. *Anvers, Martin Nucio*, 554,
pet. in-8, v. f., fil.

> Exempl. aux armes de Legoulx de la Berchère, archev. de Nar-
> bonne, avec sa signature sur le titre.

788. Narrative of a second voyage in search of North-West
passage and of a residence in the arctic regions from 1829
to 1832, by sir J. Ross. *Brussels, Wahlen*, 835, in-8, carte,
dem. v. f., non rog.

789. Histoire abrégée de la Mer du Sud, par de la Borde. 791,
gr. in-8, 3 vol., br.

6. HISTOIRE DE LA NOBLESSE.

790. Remarques sur la noblesse. *Paris*, 787, in-8, pap. vél.,
mar. rou., fil., tr. dor.

791. Remarques sur la noblesse, par Maugard. 788, in-8, br.
— Etrennes à la noblesse. In-8, br.—Almanach des livrées
In-18, br.

792. La noblesse considérée sous ses divers rapports, par
Chérin. *Paris*, 788, in-8, dem.-rel.

793. La précédence de la noblesse plaidée au sénat de Savoye,
entre les nobles et le tiers-état. *Lyon*, 593, in-8, v. m.,
fil.

794. Dissertations sur les biens nobles. 758, in-16, v. éc.—
Abrégé chronologique sur le fait de noblesse, par Chérin.
In-12, br.

795. La noblesse commerçante. 756, in-12, v. éc. — La noblesse militaire. — Observations sur la noblesse et le tiers-
état. 756, in-12, v. fil.

796. Recueil de pièces concernant le procès des avocats et des

médecins de Lyon, contre le traitant de la recherche des faux nobles. *Lyon*, 700, in-4, v. f., fil.

797. Abrégé chronologique d'édits, déclarations, réglements, arrêts et lettres-patentes concernant la noblesse, par Chérin. *Paris*, 788, pet. in-12, bas.

798. Tableau historique de la noblesse, par Waroquier de Combles. *Paris*, 784, in-8, (*Tome 1er, le seul qui ait paru.*)

799. Histoire critique de la noblesse, par Dulaure. 790, in-8, dem.-rel., mar. vert. — Mémoires historiques sur M. de Lafayette. An ii, pap., rel.

800. Traité du ban et arrière-ban, de son origine et de ses convocations, avec plusieurs anciens rolles, par La Roque. *Paris*, 676, in-12, v. j.

801. Mémoires sur l'ancienne chevalerie, par de la Curne de Sainte-Palaye, 759, in-12, 3 vol., v. m.

802. Histoire de l'ordre royal et militaire de Saint-Louis, par d'Aspect. *Paris*, 780, in 8, 3 vol., dem.-rel., non-rog.

803. Epoques honorables de l'ordre royal et militaire de l'Eperon-d'Or ou de St-Jean-de-Latran, par Berny de Nogent, comte palatin. 755, in-4, fig. col., v. m., fil.

Manuscrit.

804. Histoire des religions ou ordres militaires de l'église, etc., par Hermant. *Rouen*, 698, in-12, fig., v. br. — La France chevaleresque et chapitrale, par le vicomte de C.... 785, in-12, br.

805. La science héroïque, par Wulson de la Colombière, 669, in-fol., fig., v. br.

806. Méthode du blason, par le P. Ménestrier. *Lyon*, 689, in-12, bas.

807. La même. 756, in-12, fig., v. m.

808. Dictionnaire des titres originaux, pour les fiefs, la généalogie, etc., ou inventaire du cabinet de Blondeau de Charnage. 764, in-12, 4 vol., br.

809. Noms féodaux ou noms de ceux qui ont tenu fiefs en France, depuis le XIIe siècle (par de Bétancourt). *Paris*, 826, in-8, 2 vol., br.

810. Armorial universel, par Ségoing. 654, gr. in-4, fig., parch.

811. Mercure armorial, par Ségoing. 652, blasons coloriés, in-4, v. fil.

811 *bis*. Recueil de la noblesse de Bourgogne, Luxembourg, Flandres, Artois, etc., etc., par Le Roux. *Douay*, 784, in-4, br.

312. Tablettes historiques et généalogiques, etc., in-24, 9 vol., br.

813. Tablettes de Thémis. In-24, 3 tomes en 2 vol., br. — Almanach généalogique, 747-49, 2 vol. — Mémorial généalogique, 752-55, 3 vol., rel.

814. Nobiliaire de Picardie, par Haudicquer de Blancour. 693, in-4, v. br.

815. Armorial de la chambre des comptes de 1506 à 1780, par Mlle Denis, avec blasons coloriés, In-4, 2 vol., br.

816. Eloge des premiers présidents du parlement de Paris, avec les généalogies et blasons, par L'hermite Souliers. 645, in-fol., fig., v. fil.

817. Généalogie de la maison de Belloy. 747, gr. in-4, v. m.

818. Histoire généalogique de la maison du Chatelet, par D. Calmet. *Nancy*, 741, in-fol., fig., v. m., fil. *(Armes)*.

819. 11 pièces in-4, br. Plaidoyers et mémoires pour et contre la maison de Créquy.

820. 4 pièces in-4, br. Mémoires sur les généalogies de Mailly, Courannel, Guyot, Carcado et Dion.

821. Recueil de pièces sur la généalogie des comtes de Mailly. — Mémoires généalogiques sur la maison de Bethune. — Sur celle de l'Escale. — Généalogie de Waroquier. In-4, 2 vol., br. et rel.

821 *bis*. Généalogie de la maison de Montesquiou-Fézensac. 784, in-4, br. *(Rare)*.

822. 24 pièces in-4, br. Plaidoyers et mémoires pour et contre la maison de Montesquiou-Fézensac et de la Boulbene.

BIOGRAPHIE.

823. La prosopographie ou description des personnes insignes, par A. du Verdier. *Lyon, A. Gryphius*, 573, in-4, fig. et portr. sur bois, vél.

824. Promptuarium iconum insigniorum a seculo hominum. *Lugd.*, 581. in-4, fig., v. br., fil.

825. Cornelius Nepos. *Paris.*, *Barbou*, 784, in-12, v. m., fil., tr. dor.

826. P. Cortesii de hominibus doctis dialogus. *Florentiæ*, 734, in-4, vél.

827. Jo. Lami memorabilia Italorum eruditione præstantium quibus vertens seculum gloriatur. *Florentiæ*, 742, pet. in-8, 2 tomes en 3 vol., br.

828. Notice biographique et bibliographique sur Roland Delattre, connu sous le nom d'Orland de Lassus, par H. Delmotte. *Valenciennes*, *Prignet*, 836, gr. in-8, fig., br.

829. Musæum historicum et physicum Joa. Imperialis; in primo illustrium literis virorum imagines ad vivum expressæ. *Venetiis*, 640, in-4, v. br.

830. Histoire des amours et infortunes d'Abélard et d'Héloïse, par Dubois. *La Haye*, 711, pet. in-12, fig., v. m.

831. De Brantôme : capitaines français, 4 vol.; capitaines étrangers, 2 vol.; dames illustres, 2 vol.; duels, 1 vol. *Leyde*, 722, pet. in-12, 8 vol., v. br.

832. Précis historique de la vie de M. de Bonnard, par Garat. *Paris, Impr. de Monsieur*, 785, in-18, v. f., fil., tr. dor.

833. Essai sur la vie, les écrits et les opinions de Malesherbes, par Boissy-d'Anglas. 819, in-8, 2 tomes en 1 vol., dem.-mar. rou.

834. Mémoires de R. Arnauld d'Andilly (publiés par l'abbé Gougct). *Hamb.*, 734, pet. in-8, v. f. (avec un sonnet ms. de l'évêque de Tournay). — Plaidoyer d'Ant. Arnault. 716, in-12, v. br. — Œuvres chrestiennes d'Arnauld d'Andilly. 644, in-12, v., fil.

835. Valerii Maximi factorum ac dictorum memorabilium libri. *Venetiis*, 478, in-fol., vél.

Le 1er feuillet contient quelques arabesques.

836. Valerius Maximus, cum notis A. Thysii. *Lugd.-Bat.*, 651, in-8, dem.-rel.

837. Histoires diverses d'Élien, trad. du grec, avec des remarques. *Paris*, 772, in-8, v. m.

838. Récréations historiques et critiques avec l'histoire des fous en titre d'office, par Dreux du Radier. *Paris*, 767, in-12, 2 vol. v. m.

839. Le livre des singularités, par G. P. Philomneste (G. Peignot). *Dijon*, 841, in-8, br.

POLYGRAPHIE.

810. M. T. Ciceronis opera, ex recens. Joa. Aug. Ernesti studioso recognita edidit C F. A. Nobbe. *Lipsiæ, Tauchnits*, 827, in-4, dem. v. rose, non-rog.

811. Joach. Camerarii decuriæ XXI, seu varia et diversæ quæstiones de natura, moribus, sermone. 594, pet. in-8, vél.

812. J. Lipsii opera omnia. *Antuerpiæ, ex offic. plantin.*, 637, in-fol., 4 tomes en 3 vol., vél.

813. Noris cardinalis, opera omnia. *Veronæ*, 729-41, in-fol., 5 tom. en 4 vol., bas.

814. Leçons françaises de littérature et de morale, par Noël et de la Place. *Paris*, 830, in-8, 3 vol., bas. m.

845. Les œuvres de Cordemoy. *Paris*, 704, in-4, 3 part. en 1 vol.. v. m., tr. dor.

846. Recueil d'opuscules de J. de Launoy. Pet. in-8, 4 vol., v. m.

> Inquisitio in chartam B. Germani. Parisiis, 657.—Assertio inquisitionis in chartam B. Germ. 658. — Inquisitio in privilegium S. Medardi Suessionnensis. 657.—Judicium de Ad. Valesii disceptatione quæ de Basilicis inscribitur. 658.—Inquisitio in privilegia Præmonstratensis ordinis. 658. Opuscula de duobus Dionysius. 660, 3 parties.—Dissertatio de commentitio Lazari et Maximi, Magdalenæ et Marthæ in Provinciam appulsu. 660, etc.

847. Opuscules de F...., (Fréron). 753, in-12, 3 vol., v. éc.

848. Suite de 100 figures pour les œuvres de Voltaire, dessinées par Chasselat et Devéria, gravées par Dupréel et autres.

849. Fragment littéraire de lady Jeanne Gray, reine d'Angleterre, trad. en franç. et précédé d'une notice sur la vie et les écrits de cette femme célèbre, par Ed. Frère. *Rouen, Ed. Frère*, 832, in-8, gr. pap. de Holl., br.

850. Œuvres en vers et en prose d'Ignace Krasicki. *Varsovie*, 804, in-8, 10 vol., v. r. *(En polonais)*.

851. Epistolæ græcanicæ mutuæ antiquorum rhetorum, edente J. Cujacio, gr. et lat. *Aurel.-Allob.*, 606, in-fol., mar. r., fil., tr. dorée.

R.

852. M. T. Ciceronis ad familiares epistolæ, interpretatione et notis P. Quartier, in us. Delphini. 685, in-4, dem. mar. r.

853. C. Plinii sec. epistolarum lib. X, et panegyricus. *Lugd.-Bat.*, *Elzev.*, 640, pet. in-12, mar. bl., fil., tr. dor.

854. C. Plinii epistolæ et panegyricus. *Amst.*, *Elzev.*, 659, in-12, v. m., fil.

855. C. Plinii sec epistolæ et panegyricus Trajano dictus, recensuit Lallemand. *Paris.*, *Barbou*, 788, in-12, v. m., fil., tr. dorée.

856. Scelta di lettere familiari d'Ann. Caro. *Milano*, *Silvestri*, 825, in-18, dem. v. — Scelta di lettere familiari degli autori più celebri, con note, da Leon. Nardini. *Milano*, *Silvestri*, 829, in-12, dem. v.

857. Lettres nouvelles de Mme de Sévigné à Mme de Grignan sa fille. *Paris*, 754, in-12, 2 vol., mar. citr., fil., tr. dor.

858. Ménagiana ou les bons mots de Ménage. 715, in-12, 4 tomes en 2 vol., v. gr.

859. Scaligeriana. *Genevæ*, 666, in-12, v. br.

860. Recueil de 15 pièces de vers, dont : la farce de maître Patelin; les amours d'Enée; l'élève de Therpsicore, etc. Le tout réuni en 3 vol., in-12, v. f.

861. Cours d'études à l'usage des élèves de l'école Royale Militaire. *Paris*, 777, in-12, 22 tom. en 19 vol., v. m.

Philosophie, 3 vol.—Littérature, 6 tom. en 3 vol.—Feuilles grecques, 1 vol.— Poésies latines, 3 vol.—Auteurs latins, 6 vol.—Histoire, 3 vol.

ADDITION.

862. La Bible, en danois. *Kopenhague*, 819, in-8, v. br.

863. Epitres et évangiles, en slavon et en russe. *St.-Pétersbourg*, 821, in-8. v.

864. ..... Hore bte marie sedm vsu Romane ecclie totaliter ad longu. Atq. aliis deuotis oronibus nouiter additis. *Ad calcem.* Expliciunt hore..... totaliter ad longu sine require vna cum pluribus aliis suffragiis nouiter impressis opem (*sic*) Egidii Hardouyn commorantis Parisiis... (1516). pet. in-8, mar. rou.

Imprimé sur vélin, caractère romain, avec encadrement de vignettes sur bois, 11 grandes miniatures en or et en couleur et 28 petites.

865. Dit is onse vrouwe ghetide Aue Maria..... Livre de prières, en flamand. In-8, rel. en bois estampé.

> Ms. du XV° siècle, sur vélin, avec 10 grandes miniatures, 8 petites, comprises chacune dans une lettre initiale de grande dimension, et 57 lettres initiales accompagnées d'ornements or et couleur de toute la hauteur de la page. De ces 57 lettres, 8 représentent des personnages.
>
> Ce joli ms., composé de plus de 290 feuillets du vélin le plus fin, est remarquable par le ton des couleurs, la délicatesse des ornemens, et le caractère particulier du dessin. Chaque alinéa a une lettre initiale ornée de fleurs; les pages qui portent les grandes miniatures, ainsi que celles qui se trouvent en regard sont entourées complètement d'ornements. Le calendrier est en flamand.

866. Critici sacri sive clariss. virorum in sacro sancta utriusque fœderis biblia doctissimæ annotationes. *Francof. ad M.*, 696, in-fol., 7 vol., peau de truie. — Criticorum sacrorum supplementum. *Ibid.*, 700-701, in-fol., 2 vol., cart.

867. Dissertation sur le culte des saints inconnus, par le P. Dom J. Mabillon, trad. du lat. *Paris, J. Musier*, 698. = Réponse à une lettre de Dom J. Mabillon sur les saints des catacombes. *Cologne, Her. P. Marteau*, 798, in-12, br.

> Voir sur cette édition le catal. de M. de Sacy, n° 553.

868. Instruction sur la connaissance et l'utilité pour le salut de la souffrance et de la mort de N. S. J.-C., par Anastase, ministre de la parole de Dieu. *S. l. n. d.*, in-12, rel. en carton. (*En slavon.*)

869. Encyclopédie monastique ou histoire des monastères, congrégations, etc., qui ont existé en France, par Chabot. *Paris*, 827, in-8, dem.-rel.

870. Les vies des saints Pères des déserts et de quelques saintes, écrites par des Pères de l'Eglise et autres anciens auteurs ecclésiastiques, trad. par Arnaud d'Andilly. *Paris*, 679, in-fol., v. br.

871. Centuriatores Magdeburgici. Historia ecclesiastica integram ecclesiæ christianæ conditionem indè a Christo ex virgine nato juxta seculorum seriem exponens, jam olim per studiosos ac pios aliquot viros in urbe Magdeburgicâ et alibi congesta, nunc denuo per Lud. Lucium recensita, centuriæ I-XIII. *Basileæ*, 624, in-fol., 3 vol., peau de truie.

> Ouvrage rare en France, et important pour l'hist. ecclésiastique.

872. Du progrès religieux, par P. V. Glade. *Paris*, 838, in-8, 3 vol., br.

873. Œuvres complètes de Buffon. *Paris, Furne*, 839, gr.

in-8, fig. color., 6 vol., br.—Suite.... par Lacépède. *Ibid.*,
839, gr. in-8, fig. color., 2 vol., br.

874. Metamorphosis et historia naturalis insectorum, aut. Jon.
Goedartio, cum commentariis D. J. de Mey. *Medioburgi*
(*s. a.*), in-8, fig., v. br.—Amusement philosophique sur le
langage des bêtes. *Genève*, 757, in-12. — Histoire d'une
jeune fille sauvage trouvée dans les bois à l'âge de 10 ans,
par Mᵐᵉ H....t. *Paris*, 755, in-8, dem.-rel.

875. Nouveau traité de la perfection sur le fait des armes, par
P. J. F. Girard. *Paris*, 736, in-4 obl.; fig , v. br.

876. M. T. Ciceronis de officiis lib. III. *Lugd.-Bat.*, *ex off.*
Elzev., 642, pet. in-12, mar. rou., fil., tr. dor.

877. The works of Franç. Bacon, to which is prefixed a life
of the author by Mallet. *London, Millar*, 753, in-fol., 3 vol.,
v. br., avec un beau portrait.

878. Essais de morale et de politique de Bacon. *Paris, Bleuet*,
796, in-18, pap. vél., 2 vol., v. rose, fil. en or, dent. à fr.,
tr. dor.

879. Œuvres complètes d'Helvétius. *Londres*, 780, in-8, 5
vol., dem. mar. vert.

880. Traité contre les masques, par Savaron. *Paris*, 611,
in-8, non rel. (*Piqué.*)

881. De la langue allemande et de ses racines, avec des para-
graphes sur l'origine des langues, par J. Ev. Kaindl. *Sulz-*
bach, 815, in-8, 5 vol., br. (*En allem.*)

882. Roman du comte de Poitiers, publ. pour la prem. fois
par Franç. Michel. *Paris. Silvestre*, 831, in 8, pap. vél. br.

883. Histoire de Huon de Bordeaux, par Tressan. *Paris, Didot*,
an vii, in-18, pap. vél., fig., br.

884. La lingère, par Alph. Signol. *Paris*, 830, in-12, 5
vol., br. — Mémoires de Mᵐᵉ de Pompadour, écrits
par elle-même, et publ. par R. P. *Paris*, 808, in-12, portr.,
4 vol., br.

885. L'éloge de quelque chose, dédié à quelqu'un, avec une
préface chantante, augmenté de l'apologie des brochures
(par Coquelet). *Caen*, 748, in-12, cart.—L'éloge de Rien,
suivi d'une post-face. *Paris*, in-32, br.

886. De l'art de la comédie, par Cailhava. *Paris*, 786, in-8,
2 vol , dem.-rel.

887. Théâtre d'un poëte de Sybaris. *Paris*, 788, in-18, 3 vol.,
br. en cart.

888. Recueil de quelques pièces galantes, tant en prose qu'en

vers. *Cologne, P. du Marteau (Elzev.)*, 667, pet. in-12, 2 part. en 1 vol., mar. rou.

889. Le LII teste della celebre scuola d'Atene, dipinta da Raffaello Sanzio di Urbino nel palazzo Vaticano, disignate in XL carte dal cav. Ant. Raff. Mengs, incise da Dom. Cunego. *Roma*, 785, in-fol. max., fig. sur pap. teinté, v. f., dent., tr. dor. (*Bel exemplaire, aux armes papales.*)

890. Essai sur l'architecture des Arabes et des Mores en Espagne, en Sicile et en Barbarie, par Girault de Prangey. *Paris, Hauser*, 841, gr. in-8, fig., br.

891. Nouveau manuel complet d'archéologie, par Nicard. *Paris, Roret*, 841, in-18, 3 vol., br.

892. Le costume des peuples de l'antiquité prouvé par les monuments, par André Lens, peintre. *Dresde*, 785, in-4, br. (*Les figures manquent.*)—Appendice aux recherches sur l'art statuaire des Grecs, par Giraud. *Paris*, 806, in-8, br.

893. Inventaire des manuscrits de l'ancienne biblioth. roy. des ducs de Bourgogne. *Bruxelles et Leipzig, C. Muquardt*, 840, gr. in-4, br.

894. Itinéraires de Richard en Allemagne, sur les bords du Rhin, en Italie, en Espagne et en Portugal, dans le midi de l'Europe et en Angleterre, etc., rel. et br.

895. Naufrage de la frégate la Méduse. *Paris*, 821, in-8, fig., br.

896. Phil. Munckeri de intercalatione variarum gentium et præsertim Romanorum lib. IV. *Lugd.-Bat.*, 680, in-8, vél.

897. Histoire des Wandales, par L. Marcus. *Paris, Roret*, 838, in-8, br.

898. Histoire critique de l'établissement des Français dans les Gaules, par le prés. Hénault. *Paris*, 801, in-8, 2 tom. en 1 vol., dem.-rel., non rog.

899. Correspondance inédite de Henri IV avec Maurice le savant, avec des notes par M. de Rommel. *Paris, J. Renouard*, 840, in-8, br.

900. Le commissionnaire de la ligue d'outre-Rhin ou le messager nocturne. *Paris*, 792, in-8, bas.

901. Constitution de la république française. *Paris, Imp. Nat.*, an IV, in-18, mar. rou., fil., tr. dor. — Lois relatives à la constitution. *Paris, I. N.*, in-18, 2 vol., mar. rou., fil., tr. dor.

902. Collection complète des portraits (119) des grands-aigles et des grands officiers de la Légion-d'honneur. Gr. in-8. 2 vol., v. dent.

903. Histoire de Paris, par Dulaure, 6e édit., revue par Belin. *Paris, Furne,* 838, in-8, fig., 8 vol., et atlas in-4, en livraisons.

904. Les hermites en prison, par Jouy. *Paris,* 823, in-8, fig., 2 vol., dem.-rel.

905. Histoire générale de Provence (par Papon). *Paris,* 777, in-4, cartes, tom. 1 à 3, dem.-rel.

906. Le trésor de Notre-Dame de Chartres, par Aug. de Santeul. *Chartres, Garnier,* 841, gr. in-8, fig., br.

907. Mémoires et ordonnances inédites pour servir à l'histoire de la Franche-Comté, publ. par l'acad. de Besançon. *Besançon,* 838, in-8, 2 vol., br.

908. Promenades dans les Voges, souvenirs historiques et paysages, par Ed. de Bazelaire, accompagnées de 20 lithographies. *Paris, Debécourt,* 838, in-4.

909. Biographie et chroniques Castraises, par Magloire Nayrac. *Castres, Vidal ainé,* 833, in-8, 4 vol., br.

910. Tableau historique des sciences, des belles-lettres et des arts dans la province de Picardie, par le P. Daire. *Paris,* 768, in-12, cart., non rog.

911. Essai sur l'histoire de la ville de Vitré et de ses seigneurs jusqu'en 1789, par Louis du Bois. *Paris,* 838, in-8, br.

912. Mémoires de la société des antiquaires de l'Ouest, ann. 1835-40. *Poitiers,* 836-41, gr. in-8, fig., 7 vol., et atlas br.

913. Chronique d'Arras et de Cambrai, par Balderic, publ. par Le Glay. *Paris, Lerrault,* 831, in 8, dem. v., non rog.

914. Mémoires de la société des antiquaires de la Morinie, ann. 1833-38. *St.-Omer,* 834-39, in-8, fig., 4 vol., dem. rel., non rog. et br.

915. Histoire de l'abbaye de N.-D. de Loos, par Lucien de Rosny. *Lille, Leleu,* 837, in-8, fig., cart.

916. Chronique d'Einsidlen (N.-D. des Ermites), par Jos. Regnier. *Paris, Gauthier fr.,* 837, in-8, br.

917. Bulletin de l'académie roy. des sciences de Bruxelles, ann. 1832-41. *Bruxelles,* 836-41, in 8, fig., 8 tom. en 11 vol., br.

918. Scènes historiques flamandes : Bouchard d'Avesnes, par Landsvriend; Schild en Vriend et Charles-le-Mauvais. *Paris*, 811, in-18, 2 vol., br.

919. Dissertation historique sur l'ancienne constitution des Germains, Saxons et habitans de la Grande-Bretagne, trad. de Gilb. Stuart, par Boulard. *Paris*, an II, in-8, br.

920. Angleterre ancienne, ou tableau des mœurs, usages, armes, habillemens, etc., des anciens habitans de l'Angleterre, par Strutt. *Paris*, 789, in-4, 2 vol., br.

921. Subsidia diplomatica ad selecta juris ecclesiastici Germaniæ et historiarum capita elucidanda ex originalibus aliisque authenticis documentis congesta, notis illustrata et edita a Steph. Alex. Wurdtwein. *Heidelbergæ*, 772, 13 vol. — Nova subsidia diplomatica.... ab eodem autore. *Ibid.*, 781, 13 vol.; ens. 26 vol. in-8, fig., bas.
    Ouvrage important, peu répandu en France.

922. Portraits et histoire des hommes utiles, hommes et femmes de tous pays et de toutes conditions, etc., publ. et propagés pour et par la société Monthyon et Franklin, ann. 1839-40. *Paris*, 840, gr. in-8, portr., br.

923. Les artisans illustres, par Ed. Foucaud. *Paris, Béthune*, 840, gr. in-8, grav. sur bois, livraisons 1 à 50.

924. Précis historique sur Vienne (Autriche). *Paris*, 809, in-8, br.—Statistica generale di Sicilia di Em. Ortolani. *Palermo*, 810, in-8, br. — Essais pour servir d'introduction à l'histoire de la révolution française, par Jaq. Marie Sallier. *Paris*, 819, in-8, br.—De la peste de Marseille et de la Provence en 1720 et 1721, par Lemontey. *Paris*, 821, in-8, br.—Des prisons de Philadelphie, par un Européen. *Paris*, an IV, in-8, br. — Notice sur l'île d'Elbe. *Paris*, 814, in-12, br., carte.

———

925. Mémoires de Vidocq. *Paris*, 829, in-8, br. (Tom. 4e, 78 exempl.)

MANUSCRITS.

926. Histoire des hérésies. In-4, v. br.
    Manuscrit du XVIIIe sur papier, curieux pour l'histoire des dissidences religieuses.

927. Sur l'état et le gouvernement de la France. In-8, de 116 pages, v. br.

Détails intéressants.

928. Histoire de la pairie en France, par M. Le Laboureur. In-fol. de 442 pages, v. f. *(Armes.)*

Manuscrit d'une belle écriture.

929. Diarium statuum generalium Franciæ habitorum Turonibus anno 1483, regnante Carolo VIII, autore Joanne Masselin, officiali archiepiscopi rothomagensis et deputati ex baillivatu rothomagensi ad status Turonenses. 1 vol. in-fol.

Ce journal a été copié sur le manuscrit de la bibliothèque de M. l'évêque de Metz, duc de Coislin, en 1714, et sur un autre Ms. de M. l'abbé d'Estrées.

930. Histoire de Louis XIV, 2 vol. in-fol., v. f. (1er vol., depuis la mort du cardinal Mazarin en 1661 jusqu'en 1663. 444 f. — 2e vol., contenant l'origine de la guerre de Flandre et ses progrès pendant la campagne de 1667. 526 f.)

Renseignements précieux sur les guerres de la Flandre et la conquête de la Hollande par Louis XIV.

931. Procès de Fouquet; document original. In-fol., dos de mar.

On trouve dans ce volume l'inventaire et la description des papiers trouvés dans la maison de Vaux.

932. Mémoires sur le pays et duché de Bourgogne. In-fol., v. f.

933. Mémoire historique et politique sur la province du Languedoc, contenant tout ce qui s'est passé de plus mémorable avant et après sa réunion à la couronne, de même que de toutes les affaires extraordinaires qui ont été faites par divers traités, et de son commerce en général et en particulier, diocèse par diocèse, avec un recueil des maisons les plus qualifiées, fait par M. Nicolas de Lamoignon, intendant de la province en 1696. In-fol. de 147 f., v. éc. *(Armes.)*

Renseignements curieux et inédits; utile pour compléter l'histoire du Languedoc par les Bénédictins.

934. Liber chartarum patriæ Leodiensis. In-fol., dem.-rel.

On trouve dans ce volume quantité de chartes inédites.

Manuscrits provenant de la vente des livres

du bibliophile JACOB.

935. Catalogue de pièces rares relatives à l'hist. de France. In-4, dem.-rel.

> Contient des renseignements propres à servir de supplément à la bibliothèque de Lelong.

936. Journal de la vie et du règne de S. Louis, IX° du nom, composé par Aubery (augm. par Pean), avec une préface et des notes par le comte de Boulainvilliers. In-4, 2 vol., v. br.

> Voyez au sujet de ce journal inédit, la biblioth. historique de la France, n° 16877.

937. Armoiries (coloriées) des grands officiers de la couronne, avec des notices biographiques. In-fol., dos de mar.

> Manuscrit du XVII°, sur papier.

938. Recueil de pièces en vers et en prose, satyriques, comiques, historiques, politiques, etc. 1735, in-4, 5 vol., v. f., fil., tr. dor.

> Recueil curieux de chansons et d'épigrammes, dans le genre de celui du comte de Maurepas, que possède la bibliothèque du roi, à Paris; ce recueil, beaucoup moins étendu il est vrai, présente un assez bon choix de pièces, depuis la fin du XVI° siècle jusqu'au ministère du cardinal de Fleury. On voit qu'il a été écrit avec soin.

939. Recueil de pièces en prose et en vers pour servir à l'histoire de France, sous la Régence et Louis XV. In-4, 4 vol., v. f. (*Armes.*)

> Recueil non moins curieux et tout aussi important que le précédent.

940. Copie de deux lettres (sur parchemin), du roi Charles VII (1239), qui octroye à la ville d'Orléans, la marchandise du sel et autres denrées. 10 pages gr. in-4, ms.

941. Diplôme de bachelier ès-lettres, signé de Fontanes, de Villaret et Genty, proviseurs du lycée d'Orléans. Une feuille vél.

942. Une pièce sur parchemin, contenant supplication du

R.

(76)

sieur de Granville, amiral de France, au roi Charles VIII,
en 1487. Signée Charles.

943. Deux pièces sur parchemin, de 1523-25, avec signatures
de Loys de Vendôsme et Jehanne de Granville.

944. Une pièce sur parchemin, 1646. Signée Gaston.

945. Sept pièces sur parchemin, signées L. d'Orléans, 1746-
54 et L. Ph. d'Orléans, 1762, 59, 62, 72 et 81.

———

946. Deux bibliothèques uniformes, à fond en chêne et côtés
aussi en chêne plaqué en acajou, avec corniches de même,
et fermées chacune par deux portes à moitié glaces.

Hauteur : 2 m. 60 c. Largeur : 1 m. 30 c. Profondeur : 35 c.

———

Note du N° 32.

In noie sumi di (in nomine summi dei) incipiant omelie adamantii
senis q (qui) et origine⁵ iiptate sco (interpretante sancto) iheronimo
pbro i (presbytero, in) genesi XVII i (in) exodo XIIII i (in) leuitico
XVI i (in) numero XXVIII i ihu naue (in Josuam) XXVI i lib-
iudie (in libro judicum) IX i regv (in regum) 1 i cantico canticor in
Ysaia VIIII in Iheremia XIIII. In-fol., v. br.

Ms. sur parchemin. du XII⁰ au XIII⁰ siècle.

Il ne contient en réalité que les homélies suivantes : Sur la Genèse,
17, sur l'Exode, 13, sur le Lévitique, 16. Cette traduction des homélies, attribuée par ce ms. à S. Jérome, est de Ruffin si l'on en
croit les auteurs d'histoire littéraire.

Les 46 discours contenus dans ce volume, écrit à 2 colonnes, sont
suivis de 16 f., contenant une vie de S Augustin. L'écriture en est
de la même époque, à longues lignes, et cette pièce commence par ces
mots : Inspirante rerum omniu factore et guberatore deo.....

Le ms. contient en totalité 150 feuillets.

TABLE DES DIVISIONS.

PHILOSOPHIE.	1
THÉOLOGIE. — HISTOIRE ECCLÉSIASTIQUE ET RELIGIONS ÉTRANGÈRES	7
SCIENCES NATURELLES	43
— MORALES	146
LINGUISTIQUE	163

BELLES-LETTRES.

1. Rhétorique.—Critique.—Orateurs	201
2. Poésie	209
3. Théâtre	374
BEAUX-ARTS	391
HISTOIRE LITTÉRAIRE ET BIBLIOGRAPHIE	300
SCIENCES POLITIQUES.	421

— HISTORIQUES.

1. Géographie.—Histoire ancienne et hist. moderne générale	454
2. Histoire de France	512
3. Histoire de l'Italie, de l'Espagne et des Pays-Bas.	714
4. Histoire d'Angleterre, d'Allemagne et des pays septentrionaux	738
5. Histoire de l'Asie et des autres parties du monde.	761
6. Histoire de la noblesse	790
7. Biographie. . .	823
POLYGRAPHIE	840
ADDITION.	868
MANUSCRITS	931

EXTRAIT DU CATALOGUE

DES LIVRES DE FONDS

DE R. MERLIN, LIBRAIRE,

Quai des Augustins, n° 7.

Traité des monnoies des barons ou représentation et explication de toutes les monnoies d'or, d'argent, etc., qu'ont fait frapper les possesseurs de grands fiefs, pairs, évêques, abbés, chapitres, villes et autres seigneurs de France, par Tobiésen Duby. *Paris, I. R.*, 1790, gr. in-4, fig., 2 vol. . . 60 fr.

Recueil général des pièces obsidionales et de nécessité, gravées dans l'ordre chronologique des événemens, avec l'explication historique..., par Tobiésen Duby. *Paris*, 1786, in-4, fig.

Monnaies inconnues des évêques des Innocens, des Fous et de quelques associations singulières du même tems, recueillies et décrites par M. M. J. R. d'Amiens. 1837, in-8, 2 vol., dont 1 de fig. . . . . 12 fr.

Manuel de numismatique ancienne, contenant les élémens de cette science, les divers degrés de rareté des monnaies et médailles antiques et les tableaux de leurs valeurs actuelles, par M. Hennin. 1838, in-8, 2 vol., br. 18 fr.

Histoire numismatique de la révolution française, ou description raisonné des médailles, monnaies et autres monuments numismatiques relatifs aux affaires de la France, depuis l'ouverture des Etats-Généraux jusqu'à l'établissement du gouvern. consulaire, par M. Hennin. *Paris*, 1826, gr. in-4, avec 100 planch. conten. toutes les pièces décrites.. 60 fr.

Voyage dans les steps d'Astrakhan et du Caucase, par le comte J. Potocki, publié avec des notes par M. Klaproth, orné de deux cartes et sept planches, dont six coloriées. 1830, in-8, 2 vol., br. . . . . 15 fr.

Constantinople et le Bosphore de Thrace en 1812, 13, 14 et 1826, par le comte Andréossy. 1828, in-8 et atlas in-fol. de 10 planches, br. . . . . 15 fr.

Mœurs, institutions et cérémonies des peuples de l'Inde, par l'abbé Dubois. 1825, in-8, 2 vol., br. . . . . 14 fr.

Le Pantcha-tantra, ou les cinq ruses, etc., fables et contes trad. sur les originaux indiens, par l'abbé Dubois. *Paris*, 1826, in-8, br. . . . . 6 fr.

Collection des romans grecs, trad. avec des notes, par MM. Courrier, Larcher et autres hellénistes. *De l'imprimerie de J. Didot,* in 10, fig., 15 vol. Prix de chaque vol. pap. fin. 3 fr. 50 c.

Pap. vél. 7 fr.

12 vol. sont en vente.

Art poétique d'Horace, trad. en vers, par Bon Le Camus. 1841, gr. in-8. . . . . 1 fr.

Recherches bibliographiques sur le Télémaque, les oraisons funèbres de Bossuet et le discours sur l'hist. univ., par M***, directeur du sémin. de S. Sulpice. 1840, in-8. . . 2 fr. 50

Exposition du système naturel des nerfs du corps humain, trad. de l'angl. de Ch. Bell, par M. Genest. 1825, in-8, br. 5 fr.

Histoire des plantes de la Guyane française, par Fusée-Aublet. In-4, avec près de 400 planches, 4 vol., br. . . 36 fr.

Mémoires pour servir à l'histoire civile, politique et littéraire, à la géographie et à la statistique du départem. de la Nièvre, par M. Née de La Rochelle. *Bourges,* et *Paris,* 1827, in-8, 3 vol.. . . . . 18 fr.

Dictionnaire de botanique, par Philibert. 1804, in-8, fig., 3 vol., br. . . . . 19 fr. 50 c.

Satyres de Juvénal, trad. par Dusaulx. 1803, in-8, gr. pap. vél., portr., 2 vol., br.. . . . . 25 fr.

Histoire des avanturiers flibustiers qui se sont signalés dans le Indes, par OExmelin, avec l'histoire des pirates anglais, pas Johnson. 1785, in-12, fig., 4 vol., br. . . . . 10 fr.

Makamat, ou les séances de Harriri, édition arabe, publiée par M. Caussin de Perceval. 1 vol. in-4, br. . . . . 7 fr.

Ortophonie grecque, ou traité de l'accentuation et de la quantité syllabique, par Minoïde Mynas. 1824, in-8, br. . . 3 fr.

Conciones français, ou choix de discours français, à l'imitation du Conciones latin, par Théry, 2° édit. *Ouvrage approuvé par le conseil royal de l'instruction publique, et admis pour les bibliothèques des colléges.* 1826, in-12, br. . . 3 fr. 50 c.

Petits poèmes latins. Cynégétiques de Gratius Faliscus. La chasse de Nemésien. Alcon de Fracastor. Panégyrique de Pison. Travaux d'Hercule. Etna de Cornelius Severus. trad. en franç. par le trad. de Claudien (M. l'abbé de la Tour) et par M. l'abbé Delutho. 1842, in-12. . . . . 3 fr.

EN VENTE :

Le catalogue de la riche bibliothèque orientale de feu M. le baron Silvestre de Sacy, membre de l'Académie, etc., 1 fort vol. in-8, prix : 7 fr.

POUR PARAITRE PROCHAINEMENT :

Le catalogue des livres de feu M. Decroix de Lille.

De feu M. Pihan de la Forest, imprimeur.

Et celui d'une bonne collection de livres sur l'art militaire.

www.ingramcontent.com/pod-product-compliance
Lightning Source LLC
Chambersburg PA
CBHW070208230526
45471CB00002B/880